V&R

Hartmut Boockmann

GÖTTINGEN

Vergangenheit und Gegenwart einer europäischen Universität

Mit 16 Abbildungen

Vandenhoeck & Ruprecht in Göttingen

Die Deutsche Bibliothek – CIP-Einheitsaufnahme

Boockmann, Hartmut:
Göttingen : Vergangenheit und Gegenwart
einer europäischen Universität / Hartmut Boockmann. –
Göttingen : Vandenhoeck und Ruprecht, 1997
ISBN 3-525-36234-X kart.

Printed in Germany.
Satz: Satzspiegel, Bovenden
Druck: Hubert & Co., Göttingen

Für Rudolf von Thadden
in Freundschaft und Kollegialität

Inhaltsverzeichnis

Die ersten europäischen Universitäten

Die Göttinger Universität gehört zu den jüngeren deutschen Hochschulen. Sie wurde im Jahre 1737 eröffnet, während die älteste deutsche Universität, Heidelberg, aus dem Jahre 1386 stammt. Doch ist auch diese Universität vergleichsweise jung, wenn man bedenkt, daß die ältesten europäischen Universitäten, Bologna und Paris, ihre Anfänge um das Jahr 1200 haben.

Damals wurde in Paris und in Bologna die europäische Universität sozusagen erfunden. An beiden Orten gab es ältere Traditionen des Lernens. In Paris wurde Theologie studiert, in Bologna das Recht. Sowohl die Rechtsschule in Bologna wie die Theologenschule in Paris haben – zunächst in Frankreich und Italien, bald auch in England und in anderen Ländern – Nachfolger gefunden. Aber obwohl man noch für eine lange Zeit die Universitäten, die dem italienischen Beispiel folgten, von denen unterscheiden konnte, die sich an Paris orientierten, entstand damals doch der europäische Typus der höheren Bildungsanstalt, eben die Universität, und mit ihr die mittelalterliche Einrichtung, die erfolgreicher war als alles andere, was man im Mittelalter als etwas Neues schuf. Schon der Name für diese Einrichtung, der sich schließlich durchsetzte, also Universität, zeigt an, daß man diese mittelalterliche Einrichtung heute überall in der Welt hat – als university, université und so weiter.

Obwohl die Göttinger Universität von 1737 in vieler Hinsicht von dem traditionellen Universitätstypus abweichen wollte und auch tatsächlich abwich, fügte sie sich auf der anderen Seite doch in die europäische Universitätstradition ein. Und obwohl man einige Mühe hat, hinter dem häßlichen Gesicht der heutigen bürokratisierten Massenuniversität in Deutschland den Typus der europäischen Universität zu erkennen, zeigt sich bei näherem Zusehen, daß es die traditionelle Universität ist, die hier weiterlebt – jedenfalls dann, wenn man etwas von deren Geschichte weiß und infolgedessen die Möglichkeit hat, die heutige Universität nicht nur oberflächlich zur Kenntnis zu nehmen.

Hier liegt die Absicht dieser Seiten. Wenn man die gegenwärtige Massenuniversität nicht einfach als ein Benutzer durchlaufen will, wie ein Gefäß, das mit etwas angefüllt („Studiengang") und am Ende dann mit einem Korken (Examen) verschlossen wird, empfiehlt es sich, zur Kenntnis zu nehmen, daß die Universität, der man nun angehört, eine lange Geschichte hat und ein Beispiel für jenen besonderen Typus von Bildungsanstalt ist, dessen Anfänge in der Zeit um 1200 liegen: in Bologna und in Paris. Weiß man das und hat man den Wunsch, tatsächlich zu studieren und nicht nur einen Studiengang zu durchlaufen, so erhält man die Möglichkeit, sich nicht alles gefallen zu lassen, was Studenten heute zugemutet wird: Vom Gesetzgeber, also dem Autor des Niedersächsischen Hochschulgesetzes, von akademischen Organen, die zuweilen törichte Beschlüsse fassen, von Verwaltungsangestellten und -beamten, die nicht immer erfolgreich bemüht sind, die Fehler des erwähnten Gesetzes im Alltag auszugleichen, und nicht zuletzt von Professorinnen und Professoren, die nicht wissen, was eine Universität ist.

Das Wort Universität

Doch was ist eine Universität? Zunächst das, was ihr Name sagt. Was aber bedeutet dieser Name? Heute wird nicht selten gesagt, *universitas*, also Allgemeinheit, beziehe sich darauf, daß in der Universität alle oder viele Wissenschaften studiert werden können. Die Universität erscheint als ein Universum der Wissenschaften, das sie ja tatsächlich ist. Doch so ist dieser Name nicht entstanden.

Ursprünglich meinte das Wort Universität nicht die Vielheit der Wissenschaften, sondern die Vielheit derer, die der Universität angehörten. Der ausführlichere Name lautete: *universitas magistrorum et scholarium*, also Allgemeinheit der

Lehrer und Schüler, der Professoren und Studenten. Die Universität war, anders als heute, jedenfalls in Deutschland, keine Staatsanstalt, sondern ein Verband von Personen, und zwar von Professoren und Studenten. Das scheint selbstverständlich zu sein, war es jedoch nicht. Denn die Universität hätte ja auch ein Zusammenschluß nur von Professoren sein können – oder allein von Studenten, aber nicht von beiden Gruppen.

Tatsächlich hat die Universität in solcher Gestalt auch begonnen, und damit hat man zugleich den Unterschied zwischen der Universität nach dem italienischen Muster und der nach dem französischen. In Italien waren die Universitäten zunächst Zusammenschlüsse von Studenten. Die Professoren waren gewissermaßen Angestellte dieser Zusammenschlüsse. In Frankreich dagegen war die Universität ursprünglich ein Zusammenschluß der Professoren.

Das französische Muster erscheint aus heutiger Sicht verständlicher als das italienische. Obwohl man ja gegenwärtig – nicht zuletzt in Deutschland – Formen studentischer Beteiligung an der Willensbildung der Universität hat, scheint eine Universität, in der die Studenten alle Rechte haben und die Professoren keine, ein sonderbares Gebilde zu sein. Wie konnte dergleichen funktionieren?

Die eine Antwort auf diese Frage lautet, die beiden Muster haben sich bald aneinander angeglichen, so daß es auf Dauer weder die reine Studenten-, noch die reine Professoren-Universität gab. Die andere Antwort lautet, daß man sich mittelalterliche Studenten nicht als zu schülerhaft vorstellen darf. Was das heißt, ergibt sich jedoch erst, wenn man nach der Struktur der mittelalterlichen Universität fragt, vor allem nach ihrem Aufbau.

Die Fakultäten

Diese Frage führt zu einem weiteren Begriff, der die mittelalterliche mit der heutigen Universität verbindet, also zur Fakultät. Auch dieses Wort findet sich in vielen modernen Sprachen, soweit die Universitäten nicht aus Fachbereichen, also aus *departments*, bestehen. Heute sind die Fakultäten oder auch Fachbereiche nebeneinander angeordnete Gebilde. Man studiert jeweils an einer Fakultät, an der juristischen oder, wenn es sich um eine technische Universität handelt, zum Beispiel auch an der Fakultät für Architektur. Manche Universitäten haben viele Fakultäten, andere wenige. Da gibt es an manchen Orten philosophische Fakultäten, in denen die Sprach- und Literaturwissenschaften sowie die historischen und kulturwissenschaftlichen Fächer vereinigt sind. An anderen Orten hat man Fakultäten für Geschichte, oder die Sache heißt, ebenso eindeutig wie undeutlich, „Philosophische Fakultät I". Diese Unterschiede sind die Folge der jüngsten Hochschulgesetzgebung.

Bis ins 18. Jahrhundert dagegen hatten alle Universitäten den gleichen Aufbau. Zunächst studierte man an einer Eingangsfakultät, wo man die Grundbegriffe geistigen Arbeitens trainierte und vor allem den Umgang mit der Sprache und mit der Logik lernte. Mit einem aus dem griechisch-römischen Bildungssystem übernommenen Ausdruck wurden diese Fächer *artes liberales* genannt, freie Wissenschaften, wenn man wörtlich übersetzen wollte. Doch wäre eine solche Übersetzung nicht richtig. Die *artes liberales* waren die eines freien Mannes würdigen Tätigkeiten – im Gegensatz zu jenem Tun, das man mit der Hand ausübte und das im Verständnis der klassischen Antike die Sache der Unfreien war.

Zunächst also studierte man an der Artisten-Fakultät, und diejenigen, die das taten, waren für heutige Begriffe ihrem Alter nach mehr Schüler als Studenten. Mit ihnen hätte man eine Universität nach dem Muster von Bologna, also eine Studenten-Universität, gewiß nicht betreiben können. Sie lernten in einer Art Internats-Stil und wurden streng beaufsichtigt.

Von anderer Art war die Lebensform jener Minderheit, deren Angehörige nach Absolvierung dieser elementaren an einer, wie man sagte, höheren Fakultät studierten. Hier begann das Fachstudium, und hier gab es drei Möglichkeiten. Auf der Artistenfakultät bauten die Fakultäten der Theologen, der Juristen und der Mediziner auf. Wer an diesen Fakultäten studierte, war meistens älter als es Studenten heute sind. Das Studium an der Artistenfakultät dauerte in der Regel fünf Jahre. Wer es absolviert hatte, war über 20. Das Studium an einer höheren Fakultät brauchte, wenn man es bis zum abschließenden Doktorexamen fortführte, wenigstens sieben Jahre. Die Studenten der höheren Fakultäten waren aber nicht nur ihrem Alter zufolge Erwachsene. Sie waren es häufig auch als Inhaber hochrangiger geistlicher Stellen.

Die drei höheren Fakultäten waren, anders als Fakultäten heute, nicht von gleichem Rang. Die vornehmste und auch anspruchsvollste war die Theologische Fakultät, dann folgte die Juristische und auf sie die Medizinische. Daß die Göttinger Universität in der Tradition der mittelalterlichen Universitäten steht, sieht man auch daran, daß das Vorlesungsverzeichnis noch heute die alte Reihenfolge aufweist. Es beginnt mit den Theologen, läßt auf diese die Juristen und auf sie die Mediziner folgen. Erst dann kommt die Philosophische Fakultät, die Nachfolgerin der Artistenfakultät, gefolgt von jenen Fakultäten, die es an den Universitäten des Mittelalters und der frühen Neuzeit nicht gab.

Die Mathematisch-Naturwissenschaftliche Fakultät – in Göttingen in mehrere Fachbereiche aufgeteilt, die sich neuerdings Fakultäten nennen – wurde erst im Jahre 1922 von der Philosophischen Fakultät abgetrennt. Die Forstwissenschaftliche Fakultät ist aus der 1868 begründeten Forstakademie in Hannoversch Münden hervorgegangen. Diese wurde 1939 in die Universität als deren sechste Fakultät eingegliedert; 1970 bis 1972 zog die Fakultät nach Göttingen um. Landwirtschaft konnte an der Georgia Augusta von Anfang an studiert werden – zum Beispiel an der Philosophischen Fakultät bei dem Kameralisten Johann Beckmann (1739–1811). Im Jahre 1851 wurde in Weende die spätere landwirtschaftliche Akademie gegründet, die 1872 in die Universität eingegliedert wurde – zunächst in die Philosophische, dann in die Mathematisch-Naturwissenschaftliche Fakultät, bis sie 1972 schließlich als siebte Fakultät verselbständigt wurde.

Auch die Geschichte der Göttinger Wirtschaftswissenschaften reicht bis ins 18. Jahrhundert zurück. Sie wurden gleichfalls an der Philosophischen Fakultät gelehrt – von dem eben erwähnten Johann Beckmann, doch im Falle des Statistikers Gottfried Achenwall (1719–1772) auch an der Juristischen Fakultät. In der zweiten Hälfte des 19. Jahrhunderts lehrten bedeutende Nationalökonomen wie Wilhelm Roscher (1817–1894) an der Philosophischen Fakultät. 1912 wurden die ökonomischen mit den juristischen Fächern zur Rechts- und Staatswissenschaftlichen Fakultät zusammengeschlossen. 1961 kam es zur Integration der 1949 als Reformhochschule in Wilhelmshaven gegründeten Hochschule für Sozialwissenschaften in die Göttinger Universität. Daraus folgte 1962 die Schaffung einer Wirtschafts- und Sozialwissenschaftlichen Fakultät. Doch war auch deren Lebensdauer kurz. 1970/1981 wurde sie in die Fachbereiche Wirtschaftswissenschaften und Sozialwissenschaften gespalten, wobei der letztere, obwohl doch mit dem Studium künftiger Lehrer nur am Rande befaßt, auch die Pädagogik aufnahm sowie ferner den Sport.

Daß die Pädagogik heute nicht nur Teil des sozialwissenschaftlichen Fachbereichs ist, sondern auch einen eigenen, nämlich den jüngsten Fachbereich der Universität darstellt, erklärt sich aus den Windungen der neueren Hochschulpolitik. 1946 wurde in Göttingen eine Pädagogische Hochschule gegründet, ein Institut zur Ausbildung von Volks- (heute: Grund-) und später auch von Realschullehrern. Als man 1969 Quantität und Qualität verwechselte, wurden alle Pädagogischen Hochschulen des Landes zu einer einzigen zusammengeschlossen. Zwei Jahre später begannen Bemühungen, das neue Institut aufzulösen und die einstigen lokalen Pädagogischen Hochschulen den jeweiligen Universitäten einzugliedern. Doch wie sollte das an Orten geschehen, an denen es gar keine Universitäten gab?

Man heftete einfach Schilder mit dem Wort Universität an die bestehenden Gebäude. So kam es zur Entstehung der Universitäten Lüneburg und Hildesheim. Doch auch dort, wo es am Ort der Pädagogischen Hochschule eine Universität gab, erwies sich die Integration als schwierig. Sollte man Fach zu Fach ordnen? So wurde gemeint, doch daraus ergab sich die Frage, was mit den Lehrerbildungsfächern geschehen sollte, die ein Gegenstück an der Universität nicht hatten, wie zum Beispiel die Ausbildungsorte für das Fach Werken. Man entschied sich für die angewandte Physik als rettenden Hafen – und machte damit sichtbar, wie wenig sachgemäß das Ganze war. So kam es in Göttingen zur Umwandlung der einstigen Hochschule in einen Fachbereich, der auf seine Art den Willen der Universität dokumentierte, die Pädagogische Hochschule nicht zu integrieren. 1983 und 1984 nahm die Landesregierung diesem Fachbereich die Ausbildung der Grund- und Realschullehrer, ohne doch die Kraft zu haben, ihn dementsprechend aufzulösen und seine Angehörigen dorthin zu versetzen, wo weiterhin Grund- und Realschullehrer ausgebildet werden sollten. Stattdessen wurde die Ausbildung von Freizeit- und Familienpädagogen etabliert. Die Universitätsspitze hat sich darum bemüht, den Fachbereich zu stützen, und das war, so möchte man sagen, nicht ungerecht, da Opfer einer offensichtlich unvernünftigen Politik des Schutzes bedürftig sind. Gleichwohl darf man vermuten, daß der nun wohl endgültig seiner Auflösung entgegengehende Fachbereich in der Geschichte der Universität keine besonders tiefen Spuren hinterlassen wird.

Die akademische Freiheit

Als drittes Merkmal der Universität könnte man nach ihrem Namen und nach der Bezeichnung ihrer Gliederungen vielleicht die akademische Freiheit nennen, von der heute nicht selten die Rede ist. Doch was ist damit gemeint? Ursprünglich nicht das, was man dahinter vermuten möchte, nämlich die Freiheit, ohne staatliche Eingriffe zu forschen, zu lehren und zu lernen.

Zunächst meinte akademische Freiheit, daß die *universitas*, also der Zusammenschluß von Professoren und Studenten,

Autonomierechte hatte. Wer sich an einer Universität immatrikulieren ließ, wurde Angehöriger eines besonderen Rechtsverbandes. Wenn er nun in Konflikt mit jemandem geriet, so war dafür nicht ein staatliches Gericht zuständig, sondern das Universitätsgericht. Zur Universität gehörte ein eigener Richter, und der verhängte nicht nur Ordnungsstrafen. Noch die Göttinger Universität des 18. Jahrhunderts hatte ursprünglich das Recht, Todesurteile zu verhängen – auch wenn es dazu allerdings im Einzelfall der staatlichen Zustimmung bedurfte. Unter dem Dach der Aula des Jahres 1837 wurde dementsprechend auch ein neues Universitätsgefängnis eingerichtet: der Karzer. Die eigene Justiz der Universität war im wesentlichen zur Gerichtsbarkeit über Studenten geworden, die sich gegen die vorgeschriebene Disziplin vergangen hatten, indem sie sich zum Beispiel duellierten oder auf der Straße rauchten. Dieses Delikt wurde 1872 zum letztenmal geahndet. Am Ende war der Aufenthalt im Karzer, mit einem Wort der Studentensprache gesagt, ein Jux. Im Februar 1933 wurde das Gefängnis abgeschafft. Die besondere Universitätsgerichtsbarkeit bestand aber fort, und sie existierte bis vor kurzem, da das letzte niedersächsische Hochschulgesetz ein Ordnungsrecht vorsah. Gebrauch davon ist jedoch nicht gemacht worden, obwohl es an Gelegenheiten nicht fehlte.

Die rechtliche Autonomie der alten Universität war von ähnlicher Gestalt wie die der mittelalterlichen Kirchen, und das konnte auch nicht anders sein, da die Universitäten ja kirchennahe Einrichtungen waren. Die meisten Professoren waren Geistliche, viele Studenten waren es auch, und die meisten wollten es werden.

Mit freier Wissenschaft konnte die akademische Freiheit aber schon deshalb nichts zu tun haben, weil das Ziel der Universitäten damals nicht darin lag, neue Forschungsresultate zu erzielen. Aufgabe der Universitäten war es nicht, Neues ans Licht der Welt zu bringen. Sie sollten vielmehr das bewährte Wissen von Generation zu Generation weitergeben.

So glichen sich die Universitäten nicht nur darin, daß sie alle die gleichen Fakultäten hatten. Auch das Lehrprogramm stimmte weitgehend überein, und für die Methoden galt das gleiche. Das Programm bestand weitgehend in der Wiedergabe des Inhalts von Lehrbüchern, und zwar auch dort, wo man das heute nicht vermuten möchte, nämlich zum Beispiel beim Unterricht in der Medizinischen Fakultät. Die an den Universitäten vermittelte Medizin war eine Buchwissenschaft. Wie man einem Verunglückten das zerschmetterte Bein amputierte, konnte man an der Universität nicht lernen. Der Chirurg war ein Handwerker, aber kein Gelehrter.

Die neue Universität: Halle – Göttingen – Berlin

In Deutschland hatte dieses traditionelle Universitätssystem bis zum Ende des 17. Jahrhunderts Bestand. Es wurde erst durch die Gründung von drei Universitäten verändert, von Halle im Jahre 1694, von Göttingen im Jahre 1737 und von Berlin im Jahre 1810.

Die beiden ersten Daten passen zu den Veränderungen der Wissenschaft und der Universität nicht schlecht, denn mit ihnen befindet man sich ja im Zeitalter der Aufklärung, einer geistigen Bewegung, die sich gegen unbefragte Traditionen wendete und insbesondere die Theologie aus ihrer Stellung als Quelle aller Wissenschaft entfernen wollte. Die Reformation hatte an dieser Stellung der Theologie nichts geändert. Auch die evangelischen Theologen beanspruchten, alles zu kontrollieren, was an der Universität geschah. Und obwohl zu dem Neuen, was mit der Reformation eingeführt wurde, der vermehrte Gebrauch der deutschsprachigen Bibel gehörte, war es doch dabei geblieben, daß die Sprache der Wissenschaft das Lateinische war. Erst an der Universität Halle wurden Vorlesungen in deutscher Sprache gehalten. Daß man damit – in weiterer Sicht – jene Schwierigkeiten schuf, denen man heute durch die Etablierung des Englischen als universeller Wissenschaftssprache zu begegnen sucht, ahnte man nicht und brauchte man auch nicht zu ahnen, da das Lateinische als internationales Idiom der wissenschaftlichen Verständigung bis weit ins 19. Jahrhundert in Geltung blieb.

Die Gründung der Georgia Augusta

Die Göttinger Universität knüpfte in vieler Hinsicht an das Vorbild an, das die moderne Universität Halle gegeben hatte, doch ging sie in ihrer Modernität über Halle hinaus. Das Zensurrecht der Theologischen Fakultät über alles, was die Professoren publizierten, wurde beseitigt. Was man heute unter akademischer Freiheit versteht, also die Freiheit zu forschen, zu lehren und zu lernen, wurde in der Göttinger Universität zu einem beträchtlichen Teil verwirklicht.

Die Frage, wem eigentlich die Gründung dieser damals so modernen Göttinger Universität zu verdanken ist, läßt sich nicht in einem einzigen Satz beantworten. Dem Namen nach gründete sie der von 1727 bis 1760 regierende Kurfürst Georg August, der als Georg II. König von Großbritannien war. Seinen Namen trägt die Göttinger Universität auch heute – als den Namen des Stifters, als Anzeichen ihrer Entstehung, nicht jedoch als einen Ehrennamen in dem Sinne, wie 1932 und 1934 die Universitäten Frankfurt am Main und Jena nachträglich mit dem Namen Goethes beziehungsweise Schillers geschmückt wurden oder nach 1945 die Rostocker zur Wilhelm-Pieck-Universität umbenannt wurde.

Gegenwärtige Wünsche, den Stifternamen durch einen Ehrennamen zu ersetzen, verkennen nicht nur den Unterschied zwischen einem Stifter- und einem Ehrennamen, sondern sie beachten auch nicht, daß der Stiftername noch als etwas anderes begriffen werden kann, denn nur als historisches Relikt. Er bezeugt, daß die Gründung einer Universität durch einen Stifter, der von dieser nichts weiß, durchaus gelingen kann, und darin liegt eine Art Verheißung für die Zukunft. Wenn man sich bei feierlichen Gelegenheiten in der Göttinger Universitätsaula versammelt, sieht man die Portraits des Universitätsgründers und seiner Nachfolger und

Das Zentrum der Universität war zur Zeit ihrer Gründung das einstige Göttinger Dominikaner-(Pauliner-)Kloster und dessen 1331 geweihte Kirche – die weitaus größte in Göttingen. Sie wurde als Universitätskirche genutzt, während die Bauten des im Zuge der Reformation aufgehobenen Klosters im Zusammenhang der Universitätsgründung durch Joseph Schaedler erneuert und umgestaltet wurden. Der Neubau der Bibliothek an der Prinzenstraße während der Jahre 1878 bis 1882, deren rückwärtigen Teil man rechts oben im Bilde sieht, führte zu einer abermaligen Umgestaltung des Geländes. Die Kirche sollte, nachdem die Bibliothek rasch in Raumnot geraten war, abgerissen werden. Stattdessen wurde zu Beginn des 19. Jahrhunderts eine Zwischendecke eingezogen, die die Nutzung von zwei großen Bibliothekssälen erlaubte, den Innenraum der Kirche jedoch optisch zerstörte. Die buchstäbliche Zerstörung war die Folge eines Luftangriffs am 24. November 1944. Aus statischen Gründen wurde die Zwischendecke abermals eingezogen.

kann man sich angesichts der jetzigen Zustände mit dem Gedanken trösten, daß die Universität die gegenwärtigen Inhaber der staatlichen Macht vielleicht ebenso überleben wird wie die früheren.

Für die Gründung der Universität bedurfte es angesichts der Indolenz des nominellen Gründers jedoch des Sachverstands eines führenden Beamten. So war die Göttinger Universität die Schöpfung eines Mannes, nämlich des Geheimrates und späteren Premierministers Gerlach Adolph von Münchhausen (1688–1770), der in Halle studiert hatte und auf diese Weise in die Lage versetzt worden war, nach dem Vorbild dieser modernen Universität eine noch modernere zu schaffen. Münchhausen sorgte nicht nur für die Beseitigung der alten Theologen-Zensur. Er bemühte sich nicht nur um die Gewinnung der besten Gelehrten und um Lebensumstände, mit denen angesehene Studenten zufrieden sein konnten. Er wußte zudem, daß es nicht nur auf die Exzellenz der Gelehrten ankam, sondern auch auf materielle und institutionelle Vorbedingungen für moderne Wissenschaft, auf eine leistungsfähige Bibliothek, auf eine Vereinigung der besten Professoren zu gelehrtem Tun neben der Universität. So wurde 1751 in Göttingen die Sozietät der Wissenschaften begründet, die spätere Akademie, die im Kreis der deutschen Akademien der Wissenschaften heute nach der Berliner die älteste ist.

Die Göttinger Verfassung

Man würde allerdings die Anfänge der Göttinger Universität verkennen, wenn man sich nur auf das konzentrierte, was sich als neu und zukunftsträchtig erweisen sollte. Die Gründungsprivilegien betonten, die Universität solle so eingerichtet werden wie die bestehenden Hochschulen, und sie sagten auch im einzelnen, was das hieß. So nahm in dem kaiserlichen Privileg den größten Raum die Verleihung der kaiserlichen Pfalzgrafenwürde an den Rektor beziehungsweise, da das ja der Landesherr war, an den Prorektor ein, die diesem das Recht gab, Notare zu ernennen, Dichter zu krönen, illegitime Kinder zu legitimieren, Vormünder zu bestätigen, Ehrlosigkeit aufzuheben und Minderjährige für volljährig zu erklären. Aus heutiger Sicht möchte man diese aus dem späteren Mittelalter stammenden Pfalzgrafenrechte für überflüssig, wenn nicht für lächerlich halten. Damals hatten sie jedoch nicht unbeträchtliche Einnahmen zur Folge. So wurde 1822, als das Recht des Prorektors, kaiserlicher Hofpfalzgraf zu sein, schließlich aufgehoben wurde – 16 Jahre nach der Aufhebung des Kaisertums immerhin – eine Ausgleichszahlung festgelegt.

Ebenso selbstverständlich wie die Hofpfalzgrafenrechte des Prorektors waren die Gerichts- und die anderen Immunitätsrechte, die der Göttinger Universität zugestanden wurden und die noch weiter ins Mittelalter zurückreichten, nämlich bis zu einer Urkunde des Kaisers Friedrich Barbarossa aus dem Jahre 1158 über den besonderen Gerichtsstand der Universitätsangehörigen, der in das – spätantike – Corpus Iuris aufgenommen und zur Grundlage der akademischen Freiheit in Europa wurde. Die alte Unterscheidung von Klerikern, zu denen die Universitätsangehörigen gehörten, und Laien, den Bürgern, wie sie für die hoch- und spätmittelalterlichen Städte charakteristisch gewesen war, sollte noch für das Göttingen des 18. Jahrhunderts gelten. Die Universität war eine eigene Corporation auch in öffentlich-rechtlicher Hinsicht. Die Universitätsangehörigen brauchten nicht das Bürgerrecht zu erwerben und wurden von den bürgerlichen Lasten weitgehend freigestellt.

Diese Vorrechte wurden im Laufe des 19. Jahrhunderts zum größeren Teil abgetragen und zum geringeren Teil in sozialpolitisch begründete Erleichterungen umgewandelt, die noch heute existieren. Wenn zum Beispiel ein Student zu ermäßigtem Eintrittspreis in ein Museum kommt, dann ist das nicht primär die Folge seines akademischen Status, sondern seines – angenommenen – geringen Einkommens. Der Professor muß, wenn er nicht gerade Kunsthistoriker ist, den vollen Preis zahlen. Doch haben zum Beispiel auch junge

Männer, die ihrer Wehrpflicht nachkommen, ein geringes Einkommen. Bis 1945 wurden sie bei solchen Eintrittsgebühren ebenso behandelt wie Studierende. Heute ist das in aller Regel nicht der Fall, so daß man vielleicht von einer – durch die bekannte Militärferne der in der Kultur Tätigen bewirkte – Revitalisierung alter akademischer Privilegien sprechen könnte.

In den heutigen Universitätssatzungen und Hochschulgesetzen ist auf vielen Seiten von den akademischen Gremien und von deren Mitgliedern die Rede. Dafür brauchten die Göttinger Gründungsdokumente nur wenige Worte. An der Spitze der Universität stand nach dem Vorbild anderer Hochschulen der Zeit – wenn auch nicht des Mittelalters – als *rector magnificentissimus* der Landesherr selbst. In Göttingen war das bis 1866 der Fall, also bis zum Ende des Königreichs Hannover. Der nächste Landesherr, der preußische König Wilhelm I., der erste deutsche Kaiser, war an dieser Würde nicht interessiert; sie erlosch – jedoch nicht für immer. Aus Anlaß des 150jährigen Universitätsjubiläums bat der Senat der Universität 1887 den Kaiser, das Rektorat zu übernehmen. Der übertrug es seinem Neffen Prinz Albrecht, der das Herzogtum Braunschweig regierte und den Vertretern der Universität, die sich nun zu ihm begaben, versprach, sich „in die Dinge der Wissenschaften" „wieder hineinzuarbeiten", nachdem ihm diese „seit einiger Zeit etwas entfremdet" seien. Nach dem Tode dieses Rektors rühmte ihm der Germanist Edward Schröder (1858–1942) in seiner Gedenkrede nach, daß er darauf verzichtet habe, „in einen Verwaltungskreis einzugreifen, wo nach seinem durchaus richtigen Empfinden seine Person immerhin entbehrt werden konnte". So wurde das Amt nicht noch einmal besetzt. Als die Universität im Jahre 1916 eine Verfassung erhielt, rückte der bisherige Prorektor zum Rektor auf. Faktisch war er jedoch von Anfang an das „Haupt der Universität", wie es im Gründungsprivileg heißt, gewesen. Ihm unterstanden auch die Beamten der Universität, ihm oblagen, nicht zuletzt wegen der Gerichts- und der anderen Immunitätsrechte der Universität, auch vielfältige Verwaltungsaufgaben, die ihn zum Vorgänger des späteren

Kurators und heutigen Kanzlers machten. Seine Amtszeit betrug ein halbes Jahr. Wie der spätere Rektor und der heutige Präsident führte er den Vorsitz im Senat.

Der Senat bestand aus den ordentlichen Professoren, nämlich aus drei Theologen, je vier Juristen und Medizinern und acht Professoren der Philosophischen Fakultät. Das Amt des Prorektors wurde wie auch das des Dekans der Fakultäten nach Anciennität und im Turnus der Fakultäten besetzt. Es wurde nicht gewählt, und so bedurfte es auch nicht einer Bestätigung durch den König. Die Universität besaß in dieser Hinsicht also eine weiterreichende Autonomie als heute. Diese aber wurde dadurch gemindert, daß die Universitäten an der Berufung der Professoren weit weniger beteiligt waren als jetzt. Es hieß zwar in der Satzung, man solle ihren Rat hören, doch war von einem gesicherten Vorschlagsrecht wie heute nicht die Rede. Der Staat setzte die Professoren ein, und er bestimmte bald auch die Gestalt des Senats, weil die Zahl der ordentlichen Professoren nach der Gründung der Universität vermehrt wurde, die Größe des Senats aber bestehen blieb. So kam es, wie auch anderwärts, zur Ausbildung der sogenannten Honoren-Fakultäten in den durch die Größe des Senats bedingten Stärken. Sie wurden auch Promotionsfakultäten genannt, weil nur bei ihren Mitgliedern das Prüfungsrecht lag. Mitglied einer solchen Honoren-Fakultät und damit auch des Senats wurde ein Professor aber erst durch besondere staatliche Ernennung.

Noch im Eröffnungsjahr 1737 wurden weitere Verfassungsbestimmungen in den Statuten für die Universität insgesamt wie auch für die einzelnen Fakultäten fixiert. Auch hier hat man es mit Texten zu tun, deren Regelungen tief ins Mittelalter zurückreichen. Im Unterschied zu ihren mittelalterlichen Vorgängern redeten die Göttinger Statuten allerdings vom akademischen Unterricht nur noch wenig. Das alte System, nämlich die Nennung der kanonischen Lehrbücher, war noch am ehesten bei der Theologischen Fakultät erkennbar. Ganz in der Tradition führten die Statuten auch die Promotionskosten im einzelnen auf. Bei den Theologen wurden fünfzehn Positionen genannt. Alle Beteiligten erhielten durchaus nennenswerte Beträge, vom Dekan angefangen, und am Ende waren auch die Armen zu bedenken. Auch die Feierlichkeit des Vorgangs verursachte Kosten. Die Musiker und der Küster der Universitätskirche mußten honoriert werden. Insgesamt machte das fast so viel aus, wie ein bescheiden lebender Student in einem Jahr verbrauchte.

Die ersten Professoren-Generationen

Göttingen war eine außerordentlich erfolgreiche Gründung. Wer damals etwas auf sich hielt – in Deutschland, aber auch in Europa – studierte hier. Der Regierung in Hannover war es gelungen, bei der Gründung gut ausgewiesene Gelehrte von anderen Universitäten zu gewinnen, und dabei blieb es. Nun begannen die Universitäten untereinander um die besten Professoren zu konkurrieren, und das war neu. Bisher war es nicht üblich gewesen, die Universität zu wechseln. Die Studenten studierten – wie heute abermals – im allgemeinen nur an einer Universität, und wer an einer solchen Hochschule einmal Professor geworden war, blieb dort – ebenfalls wie heute – in der Regel . Nicht selten hatte man die Professorenstellen gar wie Handwerkerbetriebe vom Vater auf den Sohn vererbt. Damit war es nun vorbei. Die Zukunft gehörte der Konkurrenz der Universitäten, der Professoren und der Studenten. Sehr bald wurde es üblich, nicht einfach an der Heimatuniversität zu studieren und überdies mehrere Hochschulen zu besuchen, und auch die Professoren wechselten von Universität zu Universität.

Die Professoren der ersten Göttinger Generation waren qualifiziert, aber in aller Regel handelte es sich bei ihnen keineswegs um die ersten Gelehrten ihrer Fächer, zumal es dem eigentlichen Gründer, dem Baron von Münchhausen, auch nicht nur auf Exzellenz ankam. Nicht weniger wichtig, ja vielleicht wichtiger, waren ihm praktische Brauchbarkeit und vor allem die Abwesenheit von dogmatischem Eiferertum, wie er es namentlich von den Theologen fürchtete. Der bedeutendste unter ihnen war Johann Lorenz von Mosheim (1694–1755). Die in der Geschichte ihrer Fächer bis heute namhaften Professoren wurden in aller Regel erst nach der Mitte des 18. Jahrhunderts berufen, und das vor allem in der Juristischen und in der Philosophischen Fakultät. Johann Stephan Pütter (1725–1807), Gottfried Achenwall (1719–1772), Johann Christoph Gatterer (1727–1799), August Ludwig von Schlözer (1735–1809), Johann Beckmann (1739–1811), Christoph Meiners (1747–1810) und Ludwig Timotheus von Spittler (1752–1810) waren nur einige jener Gelehrten, die Göttingen nun zum Zentrum des Reichsstaatsrechts, der Geschichtswissenschaft, der Ökonomie und der Statistik machten. 1763 wurde der 1729 geborene Christian Gottlieb Heyne nach Göttingen berufen – als Professor der Beredsamkeit, Leiter des philologischen Seminars und zweiter Bibliothekar. Bald sollte er die Bibliothek leiten und bis zu seinem Tode (1812) zu einer der in Göttingen dominierenden Gestalten werden: in der Universität, der Akademie und in seinem Fach, der Altertumswissenschaft, als Philologe, Archäologe und Historiker.

Mathematik und Naturwissenschaft sind vor allem mit den Namen von Abraham Gotthelf Kaestner (1719–1800), Johann Friedrich Blumenbach (1752–1840) und Georg Christoph Lichtenberg (1742–1799) verknüpft. Der geistreiche Aphoristiker lebt vor allem als eine Gestalt der Literaturgeschichte fort, doch sollte das nicht verdecken, daß sein Name in der Geschichte der Physik einen herausragenden Platz hat.

Institute, eine Weinhandlung und ein Verlag

Zu den Vorzügen Göttingens gehörten die Arbeits- und auch die Lebensbedingungen der Universitätsangehörigen. Am wichtigsten wurde die Universitätsbibliothek, die in der Folgezeit zu einer der größten deutschen Bibliotheken wurde. Heute ist sie nach der Berliner und der Münchner Bibliothek die drittgrößte in Deutschland. Ungewöhnlich waren damals nicht nur die reichen Buchbestände, sondern war auch der

Zu den Universitätsbauten gehört auch die Reformierte Kirche in der Unteren Karspüle, die 1752 und 1753 von dem Universitätsbaumeister Johann Michael Müller (1723–1777) mit Rücksicht auf die Konfession des schweizerischen Mediziners Albrecht von Haller sowie auch wegen der erwarteten Studenten reformierten Bekenntnisses erbaut wurde. Drei Jahrzehnte später folgte aus ähnlichen Gründen in der Kurzen Straße die Errichtung einer katholischen Kirche, während man in anderen Universitätsstädten noch bis ins 19. Jahrhundert hinein auf der lutherischen Konfession der Universitätsangehörigen bestand.

Das Haus Kurze Geismarstraße 40, in dem sich heute das Musikwissenschaftliche Institut und seine Sammlung befinden, trägt seinen Namen Accouchierhaus daher, daß es in den Jahren 1785 bis 1791 von dem Universitäts-Baumeister Georg Heinrich Borheck (1751–1834) nach dem Muster ländlicher Schlösser als Entbindungsklinik errichtet wurde. Bis 1896 befand sich hier die Frauenklinik. In den Jahren 1986–1987 wurde das einsturzgefährdete Haus im Innern völlig nach dem ursprünglichen Plan erneuert – die für die Göttinger Architektur bemerkenswerte Treppenanlage eingeschlossen.

freie Zugang zu den Büchern. Daß Studenten die Universitätsbibliothek benutzen durften, war keineswegs üblich. In Göttingen war es ihnen erlaubt, wenn sie die Empfehlung eines Professors vorweisen konnten. Untergebracht war die Bibliothek im einstigen Dominikanerkloster, wie man noch sehen kann, da das alte Bibliotheksgebäude in der Prinzenstraße im Kern das einstige Kloster ist. Nur noch teilweise erhalten ist das Kollegienhaus neben der Paulinerkirche. Hier wurden einige Hörsäle eingerichtet. Meistens lasen die Professoren aber in ihren Wohnhäusern.

Für Albrecht von Haller (1708–1777), den großen Universalgelehrten und Dichter, der 1736 – also schon vor der Eröffnung der Universität – als Professor der Medizin, Chirurgie, Anatomie und Botanik berufen worden war, wurden in der Karspüle ein „Anatomisches Theater" und der Botanische Garten eingerichtet. Bald folgten naturwissenschaftliche „Kabinette", die Vorgänger heutiger Institute, und die erste Frauenklinik in Deutschland, das Accouchierhaus. Haller war auch führend an der Gründung der Akademie beteiligt, und er war der fleißigste Rezensent der seit 1739 erscheinenden „Göttingischen Zeitungen von Gelehrten Sachen", die später von der Akademie übernommen wurden und als „Göttingische Gelehrte Anzeigen" heute die älteste wissenschaftliche Zeitschrift in Deutschland sind. Damals unterrichtete die Zeitschrift so rasch wie möglich in kurzen Anzeigen über möglichst alle Neuerscheinungen. Haller verfaßte insgesamt ungefähr 9000 Rezensionen. Für ihn, den reformierten Berner, wurde auch die reformierte Kirche in der Karspüle errichtet.

Daß man zur Zeit der Gründung Göttingens als größtes Universitätsgebäude einen (1969 abgerissenen) Reitstall und bald darauf an der Einmündung der Neustadt in die Goethe-Allee ein (1975 ebenfalls vernichtetes) Fechthaus erbaute, hing damit zusammen, daß man hier nicht nur an vielen Studenten interessiert war, sondern vor allem an vornehmen und zahlungskräftigen. Denen mußte man etwas bieten, und dazu gehörte die Gelegenheit zu reiten oder das Reiten – und bald darauf das Fechten – zu erlernen. Weltläufigkeit als Bildungsziel drückte sich auch darin aus, daß Schlözer wiederholt ein mehrstündiges Reisekolleg hielt, das man aus einer studentischen Nachschrift kennt. So erfährt man, daß der weltberühmte Hofrat auch die alltäglichsten Fragen berührte und die eigenen Erfahrungen nicht zurückhielt, zum Beispiel über das Reisen in Damenbegleitung: „Entweder ist es unausstehlich oder himmlisch süß. Es gibt kein Medium". Die Regierung war um bessere Lebensverhältnisse besorgt. Sie bemerkte, daß es in Göttingen, wo immer noch das aus dem Mittelalter stammende Ratswein-Monopol galt und man Wein also nur im Rathaus ausgeschenkt erhielt, keine Gelegenheit gab, guten Wein zu trinken, und so sorgte sie dafür, daß sich ein qualifizierter Weinhändler in Göttingen niederließ. Die von ihm begründete Firma, die Weinhandlung Bremer, existiert noch heute – als eine Schwester, wenn man so will, der Universität und, so könnte man universitätskritisch vielleicht bemerken, als eine Einrichtung, deren Qualität in den folgenden Jahrzehnten und Jahrhunderten weniger schwanken sollte als die der Universität, die es allerdings auch leichter hat als diese, da der Weinhandel nicht in dem Maße reglementiert ist wie das Hochschulwesen.

Das gleiche gilt für die andere Schwester der Universität, die anläßlich der Universitätsgründung durch die Regierung nach Göttingen geholt wurde: eine Buchhandlung. Ein niederländischer Spezialist namens Abraham Vandenhoeck wurde geworben. Er starb bald, doch führte seine Witwe das Geschäft viele Jahre lang weiter, unterstützt von einem Gehilfen mit Namen Ruprecht. Er wurde der Gründer des Verlages Vandenhoeck & Ruprecht, der heute zu den namhaftesten wissenschaftlichen Verlagen in Deutschland zählt.

Die Studenten und das Studium

Wie in den ersten Jahrzehnten der Göttinger Universität studiert wurde, läßt sich ebenso wenig mit wünschenswerter Genauigkeit feststellen wie im Hinblick auf spätere Zeiten. Das Studium ist eine flüchtige Sache – ähnlich wie eine Theater-

Das Portal des Reitstallgebäudes (siehe S. 31) wurde nach dessen Abbruch zwischen Parkplatz und Mensa an der Weender Landstraße aufgestellt – als das ungewollte Denkmal einer Zeit, in der weder die Stadt noch auch die Universität über den für den Umgang mit ihrer Vergangenheit nötigen Sinn und Geschmack verfügten.

In den Jahren 1734 bis 1736 wurde an der Weender Straße als erstes Universitätsgebäude der Reitstall nach Plänen von Joseph Schaedler errichtet. 1969 wurde der Bau zugunsten eines Hertie-Kaufhauses beseitigt, das sich inzwischen längst als ökonomisch unsinnig erwiesen hat. In abgewandelter Nutzung stört das Bauwerk das Bild der Innenstadt nach wie vor.

aufführung. Von der hat man Programme, und so hat man auch die Vorlesungsankündigungen, die aber nicht immer bezeugen, daß tatsächlich unterrichtet wurde, was zuvor angekündigt worden war. Manche angekündigte Lehrveranstaltung hat nicht stattgefunden. Und auch wenn stattfand, was angekündigt worden war, weiß man doch nicht, was da im einzelnen geschah. Aus späterer Zeit hat man gelegentlich Nachlässe von Professoren mit den Vorlesungsmanuskripten. Aus früherer Zeit hat man Briefe von Studenten. Doch die spiegeln nicht selten die besondere Situation dieser jungen Erwachsenen, die wie Schüler behandelt werden, und sich dem teils einfügen, teils aber auch widersetzen, durch satirische Bemerkungen etwa, bei denen man nie weiß, ob es sich um Übertreibungen handelt, ob der Autor nicht verstanden hat, was ihm angeboten wurde, oder ob die Dinge wirklich so lagen, wie er sie beschreibt.

Sicher ist, daß sich das Studium der frühen Göttinger Jahrzehnte von dem heutigen dadurch unterscheidet, daß es in nur geringem Maße fakultäts- oder gar fachgebunden war. Obwohl insgesamt keine tausend Studenten in Göttingen eingeschrieben waren, konnte es doch leicht geschehen, daß in einem Hörsaal mehr Studierende versammelt waren als heute. Die Grenzen zwischen den Fächern und Fakultäten waren niedrig. Angesehene Professoren hatten ein Auditorium von mehreren hundert Hörern.

Der unterschiedliche Lehrerfolg hatte materielle Konsequenzen. Die regulären Gehälter waren meistens nicht hoch. Gut leben konnte man als Professor erst dann, wenn man viele Hörer hatte und entsprechende Hörergelder einnahm. Ludwig Wallis, ein Student der Rechtswissenschaften, der im Jahre 1831 eine Art Einführung für künftige Göttinger Studenten drucken ließ, teilt mit, das Honorar für eine Vorlesung betrage in der Regel einen Louisdor. Das waren etwa 6 ½ Reichstaler und was das bedeutet, erfährt man von Wallis, da dieser mitteilt, ein Student brauche pro Semester ungefähr zweihundert Reichstaler, um einigermaßen über die Runden zu kommen. Drei Vorlesungen hätten dann schon ein Zehntel dieses Betrages ausgemacht.

Das Haus Prinzenstraße 21 wurde im Zusammenhang der Universitätsgründung errichtet. Von 1737 bis 1757 speisten und logierten in der hier untergebrachten Londonschänke vornehme Fremde. 1764 kaufte der Orientalist Johann David Michaelis (1717–1791) das Gebäude, das er nicht nur als Wohnhaus für sich selbst, sondern auch zur Vermietung an Studenten nutzte. Er war einer der angesehensten, mächtigsten und wohlhabendsten Professoren. Ein schweizerischer Student schreibt im Jahre 1791, daß man die Bitte um Nachlaß des Vorlesungshonorars bei dem Ökonomen Beckmann und bei Michaelis nicht vortragen könne, „ohne eine Beschimpfung zu risquiren". 1842 wurde das Haus für die Universität gekauft. Heute sind darin orientalistische Institute der Philosophischen Fakultät untergebracht. Die Gedenktafeln erinnern außer an Michaelis selbst an seine Tochter Caroline, an Thomas Young und Benjamin Franklin. Caroline Michaelis (1763–1809), eine der Göttinger „Universitätsmamsellen", (siehe S. 35) war in zweiter Ehe mit August Schlegel und in dritter mit Friedrich Wilhelm Schelling verheiratet. Thomas Young (1773–1829) wurde nach seinem Studium in Göttingen ein bedeutender Arzt und Naturforscher. Benjamin Franklin (1706–1790), der berühmte amerikanische Physiker und Politiker, hatte 1766 in diesem Haus an einer Sitzung der späteren Akademie der Wissenschaften teilgenommen.

Fragt man nach der Lebensform der Studenten, so darf man sich nicht auf das Studium beschränken. Wie wohnten sie, wie ernährten sie sich, was taten sie, wenn sie nicht im Hörsaal saßen? Göttingen war eine teure Universität. Wer nicht von seiner Herkunft her die nötigen Einnahmen hatte oder mit Hilfe eines Stipendiums in Göttingen überdauerte, stand vor großen Schwierigkeiten. Die Studenten mieteten sich in der Stadt ein, sie verschafften sich auch die nötige Nahrung – von einer Mensa konnte selbstverständlich nicht die Rede sein –, und sie engagierten Dienstpersonal. Wo die Grenze zwischen der Aufwärterin und einer Prostituierten verlief, läßt sich nicht feststellen. Die Universität bemühte sich darum, Exzesse zu vermeiden. Göttingen war eine manierliche Universität. Notfalls konnte man – zum Beispiel für die verbotenen Zweikämpfe – ins benachbarte Bovenden ausweichen, das hessisch war.

Die beste Universität des 18. Jahrhunderts?

Im Jahre 1789 wurde der preußische Beamte Friedrich Gedike beauftragt, die außerpreußischen deutschen Universitäten zu bereisen, um festzustellen, ob es dort Professoren gebe, die man vielleicht nach Preußen berufen könne. Gedike hat seine Reiseerfahrungen in einem ausführlichen Bericht niedergelegt, und dieser Bericht ist ein eindrucksvolles Zeugnis dafür, daß die Göttinger Universität damals als die beste erscheinen konnte. Und er beeindruckt ferner dadurch, daß man hier einen gebildeten und urteilsfähigen für die Universitäten zuständigen Verwaltungsbeamten kennenlernt, der einem als der Repräsentant eines in dieser Hinsicht glücklicheren Zeitalters erscheint. Da Gedike nicht einfach einen Lobpreis verfaßt, sondern auch Göttingen kritisch betrachtet hat, darf man seinen Bericht tatsächlich als ein Zeugnis für das nehmen, was Göttingen zum Ausgang des 18. Jahrhunderts war.

Der „Universitäts-Bereiser“ beginnt damit, daß er den Göttinger Professoren eine kollektive Hochschätzung ihrer Uni-

Das Haus Papendiek 16, das Christian Gottlob Heyne (1729–1812) gehört hatte, wurde von der Universität 1841 von dessen Erben gekauft. Heute befinden sich hier das Ostasiatische und das Seminar für Turkologie. Die seit dem ausgehenden 19. Jahrhundert in Göttingen üblichen Gedenktafeln erinnern an dieser Stelle nicht nur an Heyne selbst, sondern auch an dessen Tochter Therese (1764–1829) und deren Ehemann, den berühmten Schriftsteller, Reisenden und Anhänger der französischen Revolution Georg Forster (1754–1794). Therese Heyne gehörte zu jenen Professoren-Töchtern, die wegen ihrer Bildung und emanzipierten Lebensweise als „Universitätsmamsellen" berühmt und berüchtigt zugleich waren. Nach der Scheidung von Forster heiratete sie den Diplomaten und Literaten Ludwig Ferdinand Huber (1764–1804). Noch zu seinen Lebzeiten begann sie, das Familieneinkommen durch Schriftstellerei – unter dem Namen ihres Mannes – zu verbessern. Nach seinem Tode wurde sie mit ihren Romanen, aber auch mit den Lebensbeschreibungen ihrer beiden Männer eine erfolgreiche Schriftstellerin.

versität nachrühmt. Die Göttinger Universitätsgelehrten waren, so schien es ihm, nicht einfach Lehrbeamte oder Empfänger von Gehältern. Sie meinten vielmehr, einer Corporation anzugehören, deren Ruhm sich einerseits ihrer eigenen Gelehrsamkeit verdanke, die aber auf der anderen Seite auch die Qualität ihrer eigenen Mitglieder verbessere. In der eigentümlichen Mischung von Akzeptanz und Ironie, in der Gedike diesen Sachverhalt bezeichnet, hat man vermutlich einen einigermaßen realistischen Reflex dessen, was damals tatsächlich in Göttingen existierte. Gedike schreibt:

„Nirgends fand ich bei den Professoren soviel Vorliebe für ihre Universität als hier. Sie scheinen es als eine ausgemachte Sache vorauszusetzen, daß ihre Universität die erste und vorzüglichste unter allen in Deutschland sei, und sprechen daher häufig mit einer Art Geringschätzung oder Bedauern von andern Universitäten. Alle sind gleichsam trunken von dem stolzen Gefühl ihrer theils wirklichen, theils nur vorgeblichen oder eingebildeten Vorzüge. Mehrere Professoren versicherten mich sehr zuversichtlich, daß die berühmtesten Gelehrten, wenn sie Göttingen mit einem andern Aufenthalt verwechselten, einen sehr beträchtlichen Theil nicht nur von ihrer Celebrität, sondern selbst von ihrer Brauchbarkeit verlören (wie dis z. B. von den itzt in Marburg angestellten ehemaligen Göttingischen Professoren von Selchow und Baldinger der Fall sei), dagegen der unberühmte Gelehrte, wenn er in Göttingen Professor werde, bloß dadurch einen großen Namen und Werth erlange, indem aus der Glorie, mit der sie sich stets die Universität selbst umgeben denken, einige Stralen auf das Haupt jedes einzelnen zurückfallen. Man kann sich freilich öfters kaum des Lächelns enthalten, wenn man manche Göttingische Gelehrte aus einem solchen enthusiastischen Ton sprechen hört, als sei außer den Ringmauern von Göttingen kein Licht und keine Gelehrsamkeit zu finden. Indessen hat dieser Universitätsstolz hier seine sehr guten Wirkungen. Er bewirkt einen gewissen Esprit de corps, den ich nirgends in dem Maße und in der Art fand. Jeder Professor sieht nicht nur die Ehre der Universität als seine eigne, sondern auch umgekehrt seine eigne und seiner Kollegen Ehre als die Ehre der Universität an. Daher findet man hier jene Ausbrüche der Kabale, des Neides, der Verkleinerungs- oder Verleumdungssucht, die so oft auf andern Universitäten soviel Verdruß und Erbitterung machen, ungleich seltener, wenigstens fallen sie weniger ins Auge. Man spricht hier mit mehrer Schonung von den Schwächen seiner Kollegen, als auf andern Universitäten üblich. Man ist hier mehr als anderswo geneigt zu loben und zu entschuldigen, was sich nur irgend loben oder entschuldigen läßt. Brotneid fehlt zwar auch hier nicht, aber er äußert sich hier nicht leicht auf eine so plumpe, niedrige, verächtliche Art wie auf vielen andren Universitäten. Eben darum hält es hier auch schwerer als anderswo, über alles, was man zu wissen wünscht, von den Professoren selbst ganz zuverlässige Auskunft zu bekommen. Alle sind sehr beredt über die Vorzüge ihrer Universität, aber auch in gleichem Maaß stumm und geheimnisvoll über die Mängel derselben. – Es wäre, dünkt mich in der That, zu wünschen, daß dieser Esprit de corps, der die Göttingischen Professoren beseelt, und ihnen die Ehre der Universität zum Brennpunkt aller ihrer Wünsche und Bestrebungen macht, auch auf unsern Preußischen Universitäten herrschend sein mögte. Eben dieser Esprit de corps bewog mich auch über manche Umstände und Verhältnisse lieber bei verständigen und gut unterrichteten Studenten Nachricht einzuziehen, als bei den Professoren, weil ich befürchten mußte, daß letztere aus zu ängstlicher Zärtlichkeit für die Ehre der Universität mir keine vollständige Auskunft geben würden.“

Die dritte Reform-Universität: Berlin

Der heutige Name dieser Universität erklärt sich daraus, daß der Philosoph und höhere preußische Beamte Wilhelm von Humboldt die besonderen Strukturen erarbeitet hat, durch die sich die neue Universität vor allen früheren auszeichnen sollte und tatsächlich auszeichnete. In Berlin war die Philosophische Fakultät von Anfang an nicht mehr nur die Eingangsfakultät für alle, sondern diese Fakultät wurde den anderen gleichgestellt. Doch galt sie darüber hinaus bis zu einem gewissen Grade sogar als die vornehmste Fakultät, weil sie nicht auf bestimmte Berufe vorbereitete, sondern die allgemeine philosophische Bildung vermittelte, bei der es aber, anders als bisher, nicht um elementare Dinge für jedermann gehen sollte, sondern um höchst anspruchsvolle Gegenstände. Das war schon in Göttingen sichtbar geworden, wenn hier zum Beispiel die Geschichte, die bisher ein Schattendasein geführt hatte, neben der Staatswissenschaft zum wichtigsten Fach wurde. Am Ende des 18. Jahrhunderts hatte der Philosoph Immanuel Kant in seiner Schrift über den Streit der Fakultäten geschrieben, die Philosophische Fakultät sei die vornehmste, weil sie nicht auf Berufe vorbereite und infolgedessen auch von staatlichen Vorschriften unabhängig sein könne. Dank der Einführung des Staatsexamens für Gymnasiallehrer sollte sich das allerdings bald ändern.

Doch ergab sich der besondere Rang der Philosophischen Fakultät in Berlin noch aus einem zweiten Merkmal der von Humboldt entworfenen neuen Universität. Humboldt forderte die Abkehr vom traditionellen schulmäßigen Lehrbetrieb. Forschung und Lehre sollten eng miteinander verknüpft sein. Die Studenten sollten nicht mit fertigen Resultaten abgespeist, sondern selbst in den Forschungsprozeß einbezogen werden.

Dieser Typus der Humboldtschen Universität erwies sich als außerordentlich erfolgreich. Nicht nur die deutschen Universitäten wurden nach den neuen Prinzipien umgeformt, sondern viele Hochschulen in aller Welt. Im 19. Jahrhundert galten die deutschen Universitäten, die sich nach dem Berliner Muster richteten, als die besten, die es überhaupt gab.

Der Aufschwung, den die Universitäten nun erlebten, war auch eine Periode der Expansion. Die Zahl der Studenten nahm ebenso zu wie die der Fächer, die an den Universitäten gelehrt wurden. Und die Zeiten, da die Universitäten fast keine besonderen Gebäude brauchten, waren dahin. Nun wurden Institute, Seminare und Kliniken gegründet, und die Universitäten wurden zu Einrichtungen, die große Kosten verursachten.

Bei den Diskussionen um die Gründung der Berliner Universität war noch einmal jene Universitätskritik laut geworden, die man im 18. Jahrhundert immer wieder findet. Große Gelehrte wie Leibniz wirkten nicht nur außerhalb der Universität, sondern verachteten die Universität als solche. Die Organisationsform moderner Wissenschaft schien die Akademie zu sein, und auf anspruchsvollere Berufe konnte man sich, so meinten viele, besser in Fachschulen vorbereiten, wie sie vielfach gegründet worden waren: Bergakademien in Clausthal-Zellerfeld 1775 und in Freiberg 1776, eine Akademie für Militärärzte in Berlin 1795, die dortige Bauakademie 1799 und andere mehr. Am Ende entschloß man sich in Berlin dennoch, es bei dem Wort „Universität" zu belassen.

Das Schicksal der Göttinger Universität dagegen hing zur selben Zeit an einem seidenen Faden, nachdem im revolutionären Frankreich die Universitäten durch Fachschulen ersetzt worden waren und Göttingen seit 1807 zum Königreich Westphalen gehörte, einem französischen Satellitenstaat, der alsbald nach französischem Vorbild umgestaltet wurde. Die Universitäten in Helmstedt und Rinteln wurden im Jahre 1809 aufgehoben. Göttingen verdankte sein Fortbestehen namentlich dem schweizerischen Historiker Johannes von Müller (1752–1809), der das Unterrichtswesen des neuen Königreichs leitete und sich in dankbarer Erinnerung an sein eigenes Studium mit Erfolg für den Fortbestand Göttingens einsetzte. Der Kaiser, an den man die Sache herangetragen hatte, soll gesagt haben, Göttingen gehöre nicht Hannover, auch nicht Deutschland, sondern der Welt. Den größten Anteil an der Rettung der Universität hatte wohl Charles de Villers (1765–1815), ein gelehrter Schriftsteller, der sich um die Vermittlung zwischen Deutschland und Frankreich bemühte. In einer eigenen Schrift stellte er 1808 Göttingen als den Prototypus der modernen Universität dar. 1811 zum Professor der Philosophie ernannt, wurde er 1814 nach der Niederlage Napoleons und dem Ende des westfälischen Königreichs des Landes verwiesen.

Ungeachtet ihrer Rettung wurde die Universität in ihrer Verfassung aber doch dem französischen Vorbild angepaßt. Privilegien – wie einerseits die akademische Gerichtsbarkeit, andererseits die Zensurfreiheit der Professoren – hatten in dem auf Egalität beharrenden modernen Staat keinen Platz; sie wurden aufgehoben. Die Professoren wurden Staatsbeamte wie alle anderen.

Diese Eingriffe wurden nach dem Ende der napoleonischen Ära aufgehoben, doch begann die Regierung in Hannover alsbald, ihrerseits die corporativen Elemente der Universitätsverfassung zugunsten des Staates auszuhöhlen. Sie setzte zwei Universitätsräte für die Rechtsprechung und Verwaltung ein, zwei Verwaltungsbeamte, die aber dennoch den Rang ordentlicher Professoren erhielten und dem Senat angehörten. Die Deputation, ein Verwaltungsausschuß, den bisher die Dekane gebildet hatten, stellten nun vier vom staatlichen Kuratorium ernannte Professoren dar.

Als es nach der französischen Julirevolution 1830 auch in Göttingen zu aufgeregten Diskussionen, Unruhen und am Ende einer Besetzung des Rathauses durch Studenten und Bürger kam, wurde die Universität geschlossen und das Ganze durch militärische Besetzung niedergeschlagen. Die Anführer, drei Privatdozenten, flohen. Die Regierung nutzte die Gelegenheit zu einer weiteren Reduktion universitärer Autonomie. Der Prorektor wurde im wesentlichen auf repräsentative Aufgaben beschränkt, und der tatsächlich führende Mann war nun der städtische Polizeidirektor. Doch nahm die Universität das nicht stillschweigend hin.

Zum ersten Mal in der Geschichte der Georgia Augusta kam es jetzt zu einem prinzipiellen Konflikt zwischen dem Staat und jenen Angehörigen der akademischen Corporation, die sich ihrer besonderen Rechte, Möglichkeiten und Pflichten endlich bewußt wurden. Den Anlaß hatte die Regierung gegeben, als sie der Universität die Kodifizierung der geltenden Verfassungsbestimmungen auftrug. Die jahrelangen Beratungen verdichteten sich zu der Forderung, die Dekane wieder in den Senat aufzunehmen und den Polizeidirektor aus den akademischen Organen zu entfernen. Diese

Ebenso wie das Giebelfeld der Aula (S. 44) schuf der Bildhauer Ernst von Bandel auch das Standbild König Wilhelms IV., dessen Errichtung die Stadt 1836 beschlossen hat, dessen Gestalt aber weitgehend durch das königliche Ministerium bestimmt wurde. In der damals aktuellen Diskussion um die Frage, ob die Denkmalgestalten im klassischen oder modernen Kostüm zu zeigen seien, legte das Ministerium nicht nur die zeitgenössische Kleidung fest, sondern auch die lange Hose, da des Königs Beine „nichts weniger wie schön" seien und „er wohl wisse, warum er sie in langen Beinkleidern verberge". Der Guß der eisernen Figur durch die Rote Hütte in Elbingerode geriet nicht ohne Fehler, wie man nun an dem mißglückten Standmotiv erkennt. Der zeitgenössische Spott, der solche Denkmäler stets begleitete, erklärte die Position der rechten Hand des Königs damit, daß dieser prüfen wolle, ob es regne. Immerhin zeigt die Hand seit dem Jahre 1900, wie der Künstler wollte, auf die Aula, während sie bis dahin nach Westen gewiesen hatte.

Beratungen, an denen Jacob Grimm (1785–1863), Wilhelm Weber (1804–1891) und Carl Otfried Müller (1797–1840) sowie bald auch Friedrich Christoph Dahlmann (1785–1860) teilnahmen, wurden zur unmittelbaren Vorgeschichte des Protests der Göttinger Sieben von 1837. Denn auch damals ging es ja im Kern um die Frage, ob die Professoren nur Staatsbeamte wie alle anderen seien oder nicht vielmehr Mitglieder einer Corporation mit besonderen Verpflichtungen im Hinblick auf die politische Moral.

Der Protest der Göttinger Sieben

Zu den Folgen der Julirevolution in Frankreich und ihren deutschen Auswirkungen gehörte die im Jahre 1833 durch König Wilhelm IV. in Kraft gesetzte hannöversche Verfassung. An ihrer Erarbeitung war der Göttinger Professor der Politik und Geschichte Friedrich Christoph Dahlmann führend beteiligt gewesen. Nach dem Tode des Königs im Jahre 1837 setzte dessen Nachfolger, Ernst August, am 1. November dieses Jahres die Verfassung außer Kraft, und er entband die Beamten zugleich von ihrem Eid. Dagegen protestierten sieben Göttingen Professoren: Sechs Gelehrte, die in den letzten Jahren an die Philosophische Fakultät berufen worden waren, sowie der Jurist Wilhelm Eduard Albrecht (1800–1876). Die anderen Professoren waren der eben erwähnte Dahlmann, der Germanist Jacob Grimm, der Orientalist und Alttestamentler Heinrich Ewald (1803–1875), der Physiker Wilhelm Weber, der Germanist Wilhelm Grimm (1786–1859) und der Historiker und Literaturwissenschaftler Georg Gottfried Gervinus (1805–1871).

Der König beantwortete die Erklärung der Professoren, sie würden sich weiterhin an ihren auf die Verfassung geleisteten Eid gebunden fühlen und alles, was dieser Verfassung widerspreche, nicht als rechtmäßig anerkennen, mit ihrer Entlassung, zumal der Wortlaut des Protestes nicht geheimgehalten, sondern rasch verbreitet worden war. Wegen dieser Verbreitung wurden überdies Dahlmann, Jacob Grimm und Gervinus des Landes verwiesen.

Die liberale Öffentlichkeit nahm sich der Sache der entlassenen Professoren nicht nur mit Vehemenz an, sondern sie konstituierte sich geradezu bei dieser Gelegenheit. Die deutschen Professoren erschienen nun als politische Autoritäten, und so führt vom Protest der Göttinger Sieben und deren, die sie unterstützten, eine gerade Linie zum „Professorenparlament" von 1848 in Frankfurt am Main, dem im übrigen zwei der „Göttinger Sieben", nämlich Dahlmann und Jacob Grimm, angehörten.

Wie meistens bei Ereignissen dieses Ranges täuscht die spätere Fortwirkung über Brüche und Widersprüche hinweg. Die Frage, ob der König 1837 tatsächlich einen Staatsstreich verübte, wie man immer wieder gesagt hat, ist schwer zu beantworten. War die Verfassung nicht als Geschenk des vorigen Königs in Kraft getreten und hatte deshalb sein Nachfolger nicht das Recht, dieses Geschenk wieder zurückzunehmen? Oder hatte sich der König durch die Inkraftsetzung der Verfassung eines Teils seiner Souveränität begeben? Albrecht, der Jurist unter den protestierenden Professoren, meinte das, aber er war doch Jurist genug um einzuräumen, daß in der damaligen verfassungsrechtlichen Diskussion seine Meinung keineswegs die einzige war.

Und wie stand es mit dem Eid, auf den sich die Professoren beriefen? Auf die Verfassung von 1833 hatte überhaupt nur Gervinus geschworen, da die anderen vorher zu ihrem Amt gekommen und auf die vorige vereidigt worden waren. Dieser Eid wurde durch den König auf die neue Verfassung übertragen. Abgesehen davon hatte der Eid gewissermaßen zwei Gesichter. Mit ihm beschworen die Staatsbeamten nicht nur ihre Treue gegenüber der Verfassung, sondern auch gegenüber dem König. Der Verfassungseid war zugleich der Amtseid eines Beamten.

Nicht zuletzt mit diesen Schwierigkeiten erklärt es sich, daß es den sieben Professoren nicht gelungen war, die Mehrheit ihrer Kollegen auf ihre Seite zu ziehen, so daß sie in der Minderheit blieben. Zur Majorität gehörten aber nicht nur

In Vorbereitung des Universitätsjubiläums von 1837 wurde seit 1835 durch den Universitätsbaumeister Otto Prael (1792–1862) als eine Stiftung König Wilhelms IV. das Aulagebäude an der Nordseite des Neuen Marktes errichtet, dem Platz des einstigen Franziskanerklosters, der dann nach dem König benannt wurde. Die Inschrift unterhalb des Giebelfeldes benennt den Stifter („Wilhelm IV., König, seiner Universität Georgia Augusta und den guten Wissenschaften. 1837"). Die Skulpturen im Giebelfeld stammen von Ernst von Bandel (1800–1876), der Jahrzehnte später das Hermannsdenkmal im Teutoburger Wald errichten sollte. Sie zeigen den Genius der Wissenschaft und vier Gestalten, welche die Fakultäten symbolisieren.

Der Klassizismus des Aulagebäudes geht wesentlich auf Carl Otfried Müller (1797–1840) zurück, der seit 1823 an der Universität Klassische Altertumswissenschaft lehrte und zu den Begründern der modernen klassischen Archäologie zählt. Sowohl das Sitzungszimmer im linken Flügel wie auch der Festsaal mit seinen Anklängen an den Parthenon oder den Tempel von Ägina zeigt seine Handschrift. Die Portraits an der nördlichen Wand zeigen (von links nach rechts, von oben nach unten) Georg II., den Gründer der Universität (1727–1760), Georg IV. (1820–1830), Wilhelm IV. (1830–1837), Ernst August (1837–1851) und den preußischen König Wilhelm I. (1861–1888). Über dem Katheder steht die Büste König Georgs III. (1760–1820). Faßt man die Portraitierten nicht als Landesherren auf, sondern als die nominellen Universitäts-Rektoren, so stellt das Portrait Wilhelms I., das 1881 angebracht wurde, einen Fremdkörper dar. Ihm folgte 1898 eine Bismarck-Büste und 1921 eine solche, die Hindenburg darstellte. Nach 1933 wurde Georg III. durch Hitler ersetzt, der diesen Platz nach 1945 verlassen mußte wie wohl gleichzeitig Hindenburg. Nachdem später auch die Bismarck-Büste entfernt worden war und 1979 eine Büste des letzten welfischen Königs, Georgs V. (1851–1866), aufgestellt worden ist, zeigt die „Königswand“ nun alle Göttinger Rektoren aus dem welfischen Hause sowie den Herrscher, in dessen Namen das Königreich Hannover durch Preußen okkupiert wurde.

ängstliche ältere Professoren und nicht nur solche, deren wissenschaftlichen Namen heute niemand mehr kennt, sondern auch Gelehrte von gleichem Rang wie die sieben, darunter zum Beispiel Carl Friedrich Gauss (1777–1855) – zu seiner Zeit der bedeutendste Mathematiker nicht nur in Deutschland, sondern in der Welt –, Carl Otfried Müller – ein Altertumswissenschaftler von ähnlichem Range – sowie schließlich Johann Friedrich Herbart (1776–1841), Philosoph und Begründer der wissenschaftlichen Pädagogik.

Die Schwierigkeit und Widersprüchlichkeit der Situation zeigte sich auch darin, daß den einstigen Göttinger Professoren angesichts des lauten Echos, das ihr Schritt gefunden hatte, nicht immer wohl war. Wilhelm Grimm sprach davon, daß er und seine Schicksalsgefährten „die albernen Lobeserhebungen der Liberalen ebenso ertragen" müßten, „als die hoffärtigen Verhöhnungen der anderen Secte". Doch sprach aus der so breiten Unterstützung, die die verdrängten Professoren nun erfuhren, auch aus der materiellen Hilfe, die ihnen zuteil wurde, da der damalige Protest sich nicht auf wohlfeile Unterschriftsleistungen beschränkte, wohl nicht nur die Sympathie mit den Zielen des politischen Liberalismus, sondern auch die Zustimmung zu der Rolle, welche Jacob Grimm in seiner 1838 veröffentlichten Schrift „über seine Entlassung" den entlassenen Professoren zuschrieb. „Die deutschen hohen Schulen", so liest man hier, „solange ihre bewährte und treffliche Einrichtung stehn bleiben wird, sind nicht bloß der zu und abströmenden Menge der Jünglinge, sondern auch der genau darauf berechneten Eigenheiten der Lehrer wegen, höchst reizbar und empfindlich für alles, was im Lande gutes oder böses geschieht. Wäre dem anders, sie würden aufhören, ihren Zweck, so wie bisher, zu erfüllen. Der offne, unverdorbne Sinn der Jugend fordert, daß auch die Lehrenden, bei aller Gelegenheit, jede Frage über wichtige Lebens und Staatsverhältnisse auf ihren reinsten und sittlichsten Gehalt zurückführen und [unverhalten] mit redlicher Wahrheit beantworten."

Nicht nur ein großer Teil des gebildeten Bürgertums unterstützte die entlassenen Professoren. Regierungen beriefen

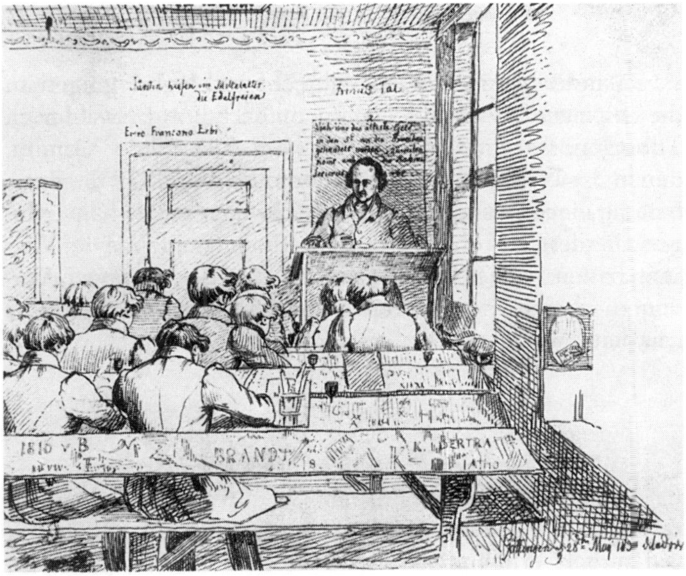

Ludwig Emil Grimm (1790–1863) zeichnete am 28. Mai 1830 den Hörsaal seines Bruders Jacob (1785–1863) in dem von diesem bewohnten Haus Allee (Goetheallee) 6. Der Raum ist mit zerschnitzten Bänken ausgestattet. Die Jahreszahl 1816 im Vordergrund läßt erkennen, daß er schon zuvor als Hörsaal benutzt wurde. Die Studenten tragen die damals modernen langen „altdeutschen" Röcke nebst der dazugehörigen Schirmmütze, aber auch Zylinder. Im Gewände des vorderen Fensters sieht man einen Spiegel mit einer eingesteckten Konzertkarte oder -ankündigung. Der Dozent unterstützt seinen Vortrag durch an die Tafel und an die Wand geschriebene Worte. An der Tafel heißt es zunächst „Vieh war das älteste Geld". Über der Tür oben liest man „Fürsten hießen im Mittelalter die Edelfreien". Man sieht, daß Grimm Germanistik im ursprünglichen Sinne des Wortes lehrte – das Fach hatte sich noch nicht von der Rechtsgeschichte gelöst. Unmittelbar über der Tür steht ein Zitat aus der Würzburg-Heidingsfelder Markbeschreibung von etwa 779: „Friero Frankono Erbi" (freier fränkischer Erbe). Die althochdeutschen Einsprengsel in dieser Urkunde (W. Braune, Althochdeutsches Lesebuch 12. Auflage. 1952 S. 8) gehören zu den ältesten deutschen Sprachdenkmälern. Vergleiche auch das Deutsche Wörterbuch von Jacob und Wilhelm Grimm 3. 1862 Sp. 709.

sie an andere Universitäten. Albrecht und Weber gingen an die Leipziger Universität, Dahlmann nach Bonn, Ewald nach Tübingen, Gervinus nach Heidelberg. Die Brüder Grimm, denen der Leipziger Verleger Salomon Hirzel 1838 die Bearbeitung eines Deutschen Wörterbuchs angetragen hatte, gingen mit diesem Vorhaben an die Berliner Akademie der Wissenschaften, wo – in Zusammenarbeit mit der Göttinger Akademie – heute an der zweiten Auflage dieses Wörterbuchs gearbeitet wird.

Letzte hannöversche und erste preußische Jahrzehnte

Zwei der 1837 entlassenen Professoren kehrten nach Göttingen zurück. Wilhelm Weber wurde 1849 abermals berufen; Heinrich Ewald schon ein Jahr zuvor. Als einer der produktivsten und angesehensten Gelehrten seines Faches wurde Ewald nun zur Karikatur des politisierenden Professors. Er blieb bei der Rolle, in die er 1837 aus seiner Gelehrtenstuben-Existenz heraus plötzlich gestoßen worden war, und polemisierte nicht nur gegen wissenschaftliche Kontrahenten, sondern auch gegen die, die er für seine politischen Gegner hielt. Die Regierung setzte er mit seinen immer gleich an die Öffentlichkeit getragenen Protestaktionen in Verlegenheit. Die Okkupation des Königreichs durch Preußen 1866 machte ihn zum leidenschaftlichen Anhänger der Welfen. Den Eid auf den neuen Herrscher verweigerte er. So wurde er, materiell höchst schonend, in den Ruhestand versetzt.

Die Entlassung der sieben Göttinger Professoren hatte die Universität schwer getroffen. Gelehrte gleichen Ranges ließen sich so rasch nicht finden, und um die Besetzung mancher Lehrstühle hat sich die Regierung offensichtlich auch nicht besonders bemüht. Mehr oder weniger bewußt zielte sie auf eine Provinzialisierung der Universität. Als 1842 der hochbetagte Historiker Arnold Heeren (1760–1842) starb, wurde als sein Nachfolger 1844 Wilhelm Havemann (1800–1869) auf einen Lehrstuhl für „Vaterländische Geschichte“, also für die Geschichte des Königreichs Hannover, berufen. Havemann beschränkte sich nicht auf das, was seine Lehrstuhlbezeichnung nannte, und er war auch ein tüchtiger Gelehrter, aber die Diskrepanz zwischen dem nunmehrigen und dem Zustand, wie er von der Gründung der Universität bis 1837 in diesem Fach – und in anderen Fächern – bestanden hatte, war groß.

Auch die Zahl der Studenten sank. 1837 waren es 909 gewesen. Göttingen war, auch nach den Studentenzahlen gerechnet, eine der bedeutendsten Universitäten. Leipzig war mit 912 kaum stärker frequentiert. Deutlich größer waren nur Berlin (1835) und München (1478). Im folgenden Jahr waren es in Göttingen nur 725 Studenten, und dabei – und bei noch niedrigeren Zahlen – sollte es bis in die ersten Jahre nach der Reichsgründung bleiben. 1872 wurden 923 Studenten gezählt. Inzwischen hatten sich aber die Relationen verschoben. Auch in Breslau und in Halle waren nun mehr Studenten immatrikuliert als in Göttingen.

Immerhin wurden bald nach 1837 die Eingriffe, mit denen die Autonomie der Universität in den letzten Jahren eingeschränkt worden waren, zurückgenommen. 1842 durften die Dekane in den Senat zurückkehren; der Prorektor wurde dadurch gestärkt, daß er ein Jahr lang amtieren durfte. Auch die Revolution von 1848 führte zu Diskussionen der Universitätsverfassung. Zum ersten Mal ging es nun um die Rechtsstellung der Nichtordinarien. Wie auch später nahm die bestehende Corporation hier eine konservative Position ein, während die Regierung in bewußter oder unbewußter Anwendung des *divide et impera* zu einem Entgegenkommen neigte.

Obwohl der welfische Staat wirtschaftlich zurückblieb, ist er finanziell mit der Universität doch einigermaßen pfleglich umgegangen, wie man namentlich an dem 1846–1851 in der Geiststraße errichteten großen Hospitalbau sieht. 1862 bis 1865 folgte das Auditoriengebäude am Weender Tor, dessen Einweihung der König der Universität freilich dadurch vergällte, daß er bei dieser Gelegenheit die Theologen und Staatsrechtler über das belehrte, was sie zu lehren hätten.

Dergleichen wiederholte sich bis zur Gegenwart hin. Hat die Universität Glück, so gleichen sachkundige Beamte die Torheiten der Regierenden aus. So geschah es in den späten Jahren des Königreichs Hannover dank dem Kurator Adolf von Warnstedt (1813–1897), der über den Bruch von 1867 hinweg nicht nur für die Universität zuständig blieb, sondern zum Kurator im späteren Sinne dadurch wurde, daß die preußische Regierung ihn nicht vom Ort des alten Ministeriums an den des neuen versetzte, also von Hannover nach Berlin, sondern nach Göttingen. Bis zur Abschaffung des Kuratorenamts im Jahre 1975, gegen die sich die Universität erfolglos wehrte, amtierte nun der Vertreter der Staatsgewalt am Universitätsorte selbst, doch hatte das keine Bedrängung der Universität zur Folge. Im Gegenteil: Die Göttinger Kuratoren waren nicht nur fürsorgliche Vermittler zwischen staatlicher Verwaltung und akademischer Corporation, sondern oft genug sachkundige Freunde der Universität.

Politisch war man im Göttingen der ersten preußischen Jahre welfisch gesonnen. Doch ließ sich auf Dauer nicht verkennen, daß die Universität nun besser als in den letzten Jahren gedieh. Auf das Auditorium folgten in dichter Folge weitere große Neubauten, darunter 1873 in der Geiststraße die Augenklinik, 1873–1877 das naturhistorische Museum an der Berliner Straße südlich des Bahnhofs, 1878 bis 1882 die Erweiterung der Universitätsbibliothek in der Prinzenstraße, seit 1889 die Klinikbauten zwischen Goßlerstraße und Humboldtallee und 1912 das Seminargebäude am Nikolausberger Weg.

Auch die Zahl der Professuren wurde vermehrt. In manchen Fächern war sie ungeachtet der völlig anderen Studentenzahlen damals ebenso groß oder sogar größer als heute. Wo die Berufung produktiver Gelehrter gelang, war das namentlich der Sachkunde zu verdanken, über die das Ministerium in Berlin verfügte. In den Jahren 1882 bis 1907 hatte dort der Vortragende Rat Friedrich Althoff faktisch die Stellung eines Hochschulministers inne. In Göttingen war man offensichtlich mit den nunmehrigen Zuständen zufrieden.

So wurde im Jahre 1887, hundertfünfzig Jahre nach der Eröffnung der Universität, ein ungetrübtes Jubiläum gefeiert

Ungeachtet der Situation, in die der König die Universität 1837 gebracht hatte, ist diese im Hinblick auf ihre Baulichkeiten in den letzten Jahrzehnten des Königreichs Hannover doch pfleglich behandelt worden. Der Staat kaufte nicht nur, sondern errichtete auch neue Bauten, namentlich in der Geiststraße. Zuletzt wurde 1862 bis 1865 das neoromanische Auditoriengebäude von dem Landbaumeister Fr. Doeltz erbaut. In der Portalzone stehen die Statuen des Gerlach Adolph Frhr. von Münchhausen, des Königs Georg II., des Herzogs Julius, der die Helmstedter Universität gestiftet hat, sowie des Philosophen Gottfried Wilhelm Leibniz, der aber nicht so viel mit der Gründung der Göttinger Universität zu tun hatte, wie sein Bildnis an dieser Stelle verspricht. Die Büsten darüber zeigen Repräsentanten der ersten Professoren-Generation: den Mediziner Albrecht von Haller (1708–1777), den Philologen Johann Matthias Gesner (1691–1761) und den Theologen Johann Lorenz von Mosheim (1694–1755). Das Gebäude hat nach dem Ausbau der Universität in den sechziger Jahren seine zentrale Bedeutung verloren und wurde im Innern verunstaltet. Denkmalpflegerische Eingriffe und der Einzug der Kunstsammlung haben ihm seinen alten Rang teilweise zurückgegeben.

– anders als fünfzig Jahre zuvor, anders auch als fünfzig und als hundert Jahre später. Die Rede des Prorektors, des Theologen Albrecht Ritschl (1822–1889), würdigte den Umbruch von 1866. Seitdem sei die Universität besser als zuvor gefördert worden. Wie es einer solchen Festrede angemessen ist, war aber nicht nur von der Gunst der Gegenwart die Rede, sondern auch von zukünftigen Gefahren. Ritschl beklagte, daß „die Zahl der Studierenden auf den Universitäten in einem Maße zugenommen hat, welches Bedenken erregen muß". Im Sommersemester 1887 waren in Göttingen 1056 Studenten immatrikuliert. Im Deutschen Reich waren es insgesamt 28.380, etwas weniger also als eben noch in Göttingen. Doch war die damalige Zahl immerhin doppelt so groß wie die Zahl derer, die fünfundzwanzig Jahre zuvor, zur Zeit der deutschen Einigung, an den Universitäten des Reichs immatrikuliert gewesen waren.

Göttingen zur Zeit der Weimarer Republik

Der Erste Weltkrieg wurde in Göttingen so erlebt wie im gebildeten Bürgertum auch sonst. Fast alle meinten, das Reich habe sich gegen seine Feinde zu verteidigen, ja um seine Existenz zu kämpfen. 726 Studenten und 22 Dozenten und Beamte der Universität wurden Opfer des Krieges. Ihre Namen sind auf dem Denkmal eingemeißelt, das 1924 vor dem Auditoriengebäude errichtet wurde. Viele verstanden die Niederlage im Sinne der Dolchstoßlegende. Die Zahl der Republikaner unter den Professoren und Studenten war niedrig.

Die Kontinuität über Krieg und Revolution hinweg wird namentlich an der Geschichte der Universitätsverfassung sichtbar. 1911 hatte die Regierung die Universität aufgefordert, einen Satzungsentwurf vorzulegen. In Göttingen rief dieser Wunsch Befremden hervor. Man lebte hier, von zwischenzeitlichen Änderungen abgesehen, nach dem zur Zeit der Gründung geschaffenen Privilegien- und Statuten-Recht oder, genauer gesagt, man folgte ungeschriebenem Gewohnheits-

1899 wurde am Wall schräg hinter dem Accouchierhaus das Denkmal des Mathematikers Carl Friedrich Gauß (1777–1855) und des Physikers Wilhelm Weber (1804–1891), das der Berliner Bildhauer Ferdinand Hartzer (1838–1906) geschaffen hatte, eingeweiht. Zu der Rolle bei den Füßen der beiden Gelehrten gehörte ursprünglich ein Draht. Die beiden wurden als Erfinder des elektromagnetischen Telegraphen gezeigt. Weber hatte die Leitung im Jahre 1833 vom Physikalischen Kabinett am Papendiek über die Bibliothek, den Turm der Johanniskirche, die Universitätsapotheke und das Accouchierhaus zur Sternwarte gelegt. Der Bildhauer zeigt allerdings nicht den damals 19jährigen Weber, sondern stellte die beiden Gelehrten als annähernd gleichaltrig dar. Wilhelm Weber erhielt seine Göttinger Professur, die er als einer der Göttinger Sieben 1837 verloren hatte, 1849 zurück.

recht, da die grundlegenden Normen entlegen oder gar nicht publiziert waren. Nun begann die bis zur Gegenwart anhaltende Hektik der Produktion von Normen für die Universität – in Gestalt von Satzungen zunächst noch, dann aber in Form von Bundes- und Landesgesetzen für die Hochschulen.

Als man sich in Göttingen an die Arbeit machte, trat das problematische Verhältnis zwischen Universität und Staat zutage, das in den vergangenen Jahrzehnten durch Prosperität verdeckt worden war. Da die Corporation nun nach ihrer Meinung gefragt war, wurde diese sich ihrer selbst bewußt. Die Universität wollte „die Eigenschaft einer Körperschaft" zugeschrieben haben, der Staat war dazu nur unter der Bedingung bereit, daß die Hochschule zugleich als „Veranstaltung des Staates" definiert wurde, was gerade Göttingen von seiner Gründung her durchaus gewesen war, aber inzwischen nicht mehr sein wollte. Auch jetzt war es die Regierung, die die Rechte der Nichtordinarien zu stärken bereit war. In der 1916 erlassenen Satzung erhielten sie Sitz und Stimme in den Fakultäten, soweit ihr Spezialfach dort nicht vertreten war.

Drei Jahre nach Erlaß der neuen Satzung begann eine Hochschulreform-Debatte, die in die Satzung des Jahres 1930 mündete. Nun ging es nicht nur um Mitbestimmungsrechte für die Nichtordinarien, sondern auch für die Studenten. Ebenso wie später wurden den akademischen Gremien, die neu zusammengesetzt wurden, Kompetenzen genommen. So wurden jetzt Engere und Weitere Fakultäten voneinander unterschieden. Die letzteren sollten alle akademischen Lehrer umfassen, während in den weiterhin entscheidenden Engeren Fakultäten die Ordinarien dominierten und die Privatdozenten von nur maximal drei Repräsentanten vertreten waren. Ähnlich gab es einen Kleinen und außer diesem einen Großen Senat, der Konzil genannt wurde und etwa zur Hälfte aus Nichtordinarien im weiten Sinne bestand. Doch hatte er keine andere Aufgabe als die Wahl des Rektors. In der ablehnenden Stellungnahme der Universität hieß es, die Mitglieder der neuen Organe würden angesichts deren mangelnder Kompetenzen kein Interesse an der Selbstverwaltung entwickeln.

Die Studenten waren unabhängig von der Frage ihrer Beteiligung an akademischen Gremien im Jahre 1919 erstmals insgesamt organisiert worden. Damals wurde die Deutsche Studentenschaft gegründet. Als diese „nichtarische" Mitglieder ausschloß, verlangte der preußische Kultusminister Carl Heinrich Becker den Verzicht auf diese Bestimmung oder die Auflösung. Bei der Abstimmung in Göttingen fielen auf die Beckersche Satzung 291 Stimmen, während sich 1866 dagegen aussprachen. Daraufhin wurde die verfaßte Studentenschaft, wie man später zu sagen pflegte, im Jahre 1927 aufgelöst.

Das Mekka der Naturwissenschaften

Schon zu Zeiten von Gauss, Weber und des 1836 nach Göttingen berufenen Chemikers Friedrich Wöhler (1800–1882) hatte die Göttinger Universität in der Mathematik und den Naturwissenschaften Weltruf. Dabei sollte es bleiben – bis 1933.

Unter den Mathematikern sind vor allem Felix Klein (1849–1925), David Hilbert (1862–1943) und Richard Courant (1888–1972) zu nennen. Felix Kleins Wirksamkeit reichte weit über die Universität und sein Fach hinaus. Er bemühte sich um die Verbindung von Naturwissenschaften und Technik, scheiterte freilich mit seinem Wunsch, technische Fächer an die Universitäten zu bringen, an den Technischen Hochschulen, die ihrerseits Universitätsrang haben wollten. Nicht weniger energisch engagierte sich Klein für die Ausbildung der Gymnasiallehrer. Vor allem aber gelang es ihm, Drittmittel, wie man heute sagt, für die Erweiterung und die Vermehrung der Institute zu gewinnen. Richard Courant setzte das nach dem Ersten Weltkrieg fort. Nun finanzierten amerikanische Stiftungen, was in Göttingen angesichts der Finanznot von Seiten des Staates nicht erbracht werden konnte.

1915 gewannen Klein und Hilbert die 1907 in Erlangen promovierte Mathematikerin Emmy Noether (1882–1935) für Göttingen. Sie baten den Kultusminister, eine Ausnahme von einem Erlaß des Jahres 1908 zu machen, demzufolge Frauen nicht zur Habilitation zugelassen werden konnten. Das Ministerium hatte die Fakultäten damals befragt und diese hatten sich überwiegend gegen eine Habilitation von Frauen ausgesprochen. An den preußischen Universitäten – und damit auch in Göttingen – wurde auch das reguläre Studium von Frauen erst im Jahre 1908 gestattet. In den Jahren zuvor waren sie nur als Gasthörerinnen zugelassen gewesen.

Angesichts der Widerstände in der Universität gegen eine Habilitation von Emmy Noether kam es im Jahre 1915 zu keiner Entscheidung. 1917 wurde der Antrag jedoch abgelehnt. Erst 1919 konnte sie sich habilitieren. Als 1930 Hermann Weyl (1885–1955), der Nachfolger Hilberts, nach Göttingen kam, hatte er den Eindruck, Emmy Noether stelle das produktive Zentrum der Mathematik in Göttingen dar. 1933 wurde sie wegen der nationalsozialistischen Rassegesetze entlassen, zwei Jahre später ist sie in den Vereinigten Staaten gestorben.

Die Physiker, die während der zwanziger Jahre in Göttingen lehrten, arbeiteten in dieser Zeit der entstehenden Quantentheorie auf das engste mit den Mathematikern zusammen. In den Jahren von 1920 bis 1922 wurde eine Art Dreigestirn berufen, das aus Robert Pohl (1884–1976), James Franck (1882–1964) und Max Born (1882–1970) bestand. Nie zuvor war die internationale Zusammenarbeit so eng gewesen wie jetzt, und so engagierten sich amerikanische Stiftungen auch in der Förderung der Göttinger Physik. Fast alle bedeutenden Physiker der nächsten Generation kamen aus Göttingen. Und auch hier hatte die nationalsozialistische Machtergreifung das Ende zur Folge. Was Hilbert über das Schicksal der Mathematik sagte, galt auch für die Physik. 1934 soll ihn der Kultusminister Rust gefragt haben, ob denn das Mathematische Institut durch den Weggang der Juden und ihrer Freunde gelitten habe. Die Antwort des aus Ostpreußen gebürtigen Hilbert lautete: „Jelitten? Dat hat nich jelitten, Herr Minister. Dat jibt es doch janich mehr!"

James Franck war 1925 mit dem Nobelpreis ausgezeichnet worden. Der Nobelpreis des Jahres 1953 für Max Born honorierte eine Arbeit des Jahres 1924. Den Nobelpreis für Chemie hatte 1910 Otto Wallach (1847–1931) erhalten. 1926 wurde der Chemiker Richard Zsigmondy (1865–1929) mit dem Preis geehrt, zwei Jahre später sein Kollege Adolf Windaus (1876–1956).

Die nationalsozialistische Universität

Die Ereignisse des Jahres 1933 kamen nicht als ein fremdes Schicksal über die Universität. Die überwiegende Republikfeindlichkeit der Professoren und Studenten war dazu angetan, die „nationale Revolution" zu begrüßen und das Ausmaß des durch sie verursachten Wandels zu verkennen. 1931 errang der nationalsozialistische Studentenbund in der studentischen Kammer, dem Studentenparlament, die absolute Mehrheit. So dürfte es nicht schwierig gewesen sein, eine große Zahl der Studenten für die Teilnahme an der Bücherverbrennung des 10. Mai 1933 zu gewinnen.

Zur selben Zeit begann die Anwendung des „Gesetzes über die Wiederherstellung des Berufsbeamtentums", dessen Titel unterstellte, daß Juden und Linke in der Weimarer Republik unberechtigt zu Beamten ernannt worden seien. Nicht alle „Nichtarier" und politisch Mißliebigen wurden schon jetzt entlassen. Professoren, die erst in den letzten Jahren ernannt worden waren, traf dieses Schicksal sogleich. Weltkriegsteilnehmer wurden zunächst geschont. In vielen Fällen handelte es sich nicht einfach um eine Entlassung, sondern um einen zwangsweise verhängten Ruhestand. Die entsprechenden, wenngleich in der Regel reduzierten Bezüge wurden gezahlt, gelegentlich sogar ins Ausland, wohin verdrängte Professoren ausgewichen waren. Auch wer die Ruhestandsbezüge erhielt, unterlag, falls er im Lande geblieben war, doch den sich von Jahr zu Jahr steigernden Einschränkungen, denen alle „Nichtarier" unterworfen waren, mußte also den Judenstern tragen, durfte keine öffentlichen Einrichtungen, selbstverständlich auch keine Bibliotheken benutzten und so fort.

Nicht nur die Mathematik und die Physik wurden schwer getroffen. Mit Ausnahme der Theologischen Fakultät wurden aus allen Fakultäten Professoren, Dozenten und wissenschaftliche Assistenten verdrängt. Insgesamt handelte es sich wohl um etwa achtzig Gelehrte. Man sollte über den glänzenden Namen, die sich in der Liste der Vertriebenen finden, nicht vergessen, daß nun auch Studenten jüdischer Herkunft diskriminiert und nach wenigen Semestern aus den Universitäten vertrieben wurden.

Die Diskriminierung traf nicht nur diejenigen, die auch schon in den Jahren zuvor unter Antisemitismus zu leiden gehabt hatten, weil sie jüdischen Bekenntnisses waren. Nun wurde Judentum rassisch definiert, und also wurden auch diejenigen diskriminiert, die nicht nur getauft, sondern vollständig assimiliert waren, Angehörige eines traditionell national gesonnenen Bildungsbürgertums jüdischer Herkunft. Sie wurden über alle Diskriminierung hinaus in ihrem Selbstverständnis getroffen. Sollten sie sich nun als das verstehen, als was ihre nationalsozialistischen Feinde sie definierten, nämlich als Angehörige einer jüdischen Rasse?

„Es liegt mir fern, die Tatsache, daß ich nichtarischer Abstammung im Sinne des Gesetzes bin, verschleiern zu wollen", schrieb der klassische Philologe Kurt Latte (1891–1964) in einem Zusatz zu dem Fragebogen, den nun alle Professoren auszufüllen genötigt waren. Der ironische Stolz half ihm wenig. Der Kriegsfreiwillige, Reserveleutnant und Träger des Eisernen Kreuzes, konnte nur bis zum Jahre 1935 lehren. Am Ende überlebte er dank dem Mut seines Hamburger Kollegen Bruno Snell im Untergrund. Auch der Nobelpreisträger James Franck war als Weltkriegsteilnehmer von dem Gesetz des Jahres 1933 zunächst nicht betroffen. Doch er lehnte es ab, privilegiert zu werden. So beantragte er seine Emeritierung. In einer an die Presse gegebenen Erklärung schrieb er: „Wir Deutsche jüdischer Abstammung werden wie Fremde und Feinde des Vaterlandes behandelt. Man fordert, daß unsere Kinder in dem Bewußtsein aufwachsen, sich nie als Deutsche bewähren zu dürfen … Wer im Kriege war, soll die Erlaubnis erhalten, weiter dem Staate zu dienen. Ich lehne

Ebenso wie in den meisten deutschen Universitätsstädten veranstaltete die „Deutsche Studentenschaft" am 10. Mai 1933 eine Bücherverbrennung. Begonnen hatte der Akt mit einer Kundgebung im Auditorium Maximum am Weender Tor (S. 51), bei der der Rektor, der Germanist Friedrich Neumann (1889–1978), der damalige germanistische Privatdozent Gerhard Fricke (1901–1980) und der Vorsitzende der Studentenschaft gesprochen hatten. Fricke sprach von den jüdischen und von jenen nichtjüdischen Autoren, deren Schriften nun als „undeutsch" beseitigt werden sollten, als von einer „Wolke von Insekten, die sich auf dem Rücken des zerschundenen und ohnmächtigen Deutschland niederließen". Dann zog ein Fackelzug durch die Stadt. „Das Braun der SA.- und SS.-Studenten beherrscht das lebensvolle Bild", berichtete das Göttinger Tageblatt vom folgenden Tage. Auf dem Platz vor der Albanischule wurde dann der schon zuvor errichtete Bücherhaufen entzündet und wurden die zentral ausgegebenen „Feuersprüche" gerufen. Da hieß es zum Beispiel „Gegen seelenzerfasernde Überschätzung des Trieblebens, für den Adel der menschlichen Seele! Ich übergebe der Flamme die Schriften des Sigmund Freud". – Das Zitat auf der 1983 am Ort des Geschehens angebrachten Gedenktafel entstammt Heinrich Heines Tragödie Almansor, in der es um einen spanischen Kardinal und Großinquisitor geht, der 1499 die heiligen Schriften des Islam verbrennen ließ. Der vollständige Text lautet: „Das war ein Vorspiel nur, dort wo man Bücher/Verbrennt, verbrennt man auch am Ende Menschen."

es ab, von dieser Vergünstigung Gebrauch zu machen, wenn ich auch Verständnis für den Standpunkt derer habe, die es heute für ihre Pflicht halten, auf ihrem Posten auszuhalten." Francks Stimme wurde nicht überhört, aber es kam zu einer Solidarisierung gerade nicht. Im Gegenteil: 42 Göttinger Professoren und Dozenten erklärten, sie verstünden Francks Schrift als „Sabotageakt" und hofften, „daß die Regierung die notwendigen Reinigungsmaßnahmen daher beschleunigt durchführen wird".

Die neue Regierung nahm sich alsbald der erst vor drei Jahren in Kraft gesetzten Göttinger Universitätssatzung an. Nun galt es, dem „Führerprinzip" Geltung zu verschaffen. Das Konzil wurde beseitigt, der Senat bestand jetzt aus den vom Rektor ernannten Dekanen, aus einem Ordinarius für jede Fakultät, der vom Dekan ernannt wurde, aus dem Führer der nationalsozialistischen Dozentenschaft und zwei von diesem ernannten Dozenten sowie dem Leiter des SA-Hochschulamtes. Für studentische Angelegenheiten gehörten ihm auch Studentenvertreter an, doch war das ein Fortschritt in der langen Geschichte der Mitbestimmung nur zum Schein, da der Senat gar keine Beschlüsse fassen durfte, sondern vom Rektor nur dann angehört werden sollte, wenn dieser das für angemessen hielt. Auch in den Engeren Fakultäten zogen nun vom Führer der Dozentenschaft ernannte Nichtordinarien ein, doch auch hier gab es nichts mehr zu beschließen. Man durfte den Dekan nur beraten. Studentische Vertreter sollten beteiligt werden. Unverändert blieben nur die Weiteren Fakultäten – offensichtlich, weil sie ohnehin keine Bedeutung hatten.

Die Frage, was das alles in der täglichen Praxis bedeutete, ist schwer zu beantworten. Die Wirklichkeit wurde nicht zuletzt durch die jeweils beteiligten Personen bestimmt. Bereiche, in denen der traditionelle Qualitätsstandard verteidigt wurde, unterschieden sich von anderen, wo es zu Einbrüchen kam – aufgrund von persönlichem Ehrgeiz, von Feigheit, Ahnungslosigkeit oder mißverstandener Modernität. So wurde 1937 in Göttingen eine Professur für „Deutsche Volkskunde" eingerichtet und mit dem einstigen Kerstlingeröder Pastor

Eugen Mattiat (1901–1976) besetzt, der sich 1933 der SS zugewandt hatte, nicht einmal über einen Doktortitel verfügte und zunächst auch gar nicht in der Lage war, sein Amt zu versehen. Nach Kriegsende amtierte er wieder als evangelischer Dorfpastor. In anderen Fällen profitierte die Göttinger Universität von der nationalsozialistischen Hochschulpolitik. Diese arbeitete mit Strafversetzungen, und eine solche führte 1935 den Staatsrechtler Rudolf Smend (1882–1975) nach Göttingen, während der Historiker Siegfried A. Kaehler (1885–1963) 1936 nach Jena versetzt und ein Jahr später nach Göttingen berufen wurde.

Die nationalsozialistische Hochschulpolitik wurde auch dadurch behindert, daß die den Universitäten zur Verfügung stehenden Mittel reduziert wurden. So wurde Göttingen die Etablierung des Faches Ur- und Frühgeschichte, des anderen Modefaches neben der Volkskunde, erspart. Die Zahl der Studierenden sank, und noch stärker ging die der Studentinnen zurück – während in den letzten Kriegsjahren in den Hörsälen eine Mehrheit von Studentinnen und eine Minderheit von – meist verwundeten – Studenten saß.

Zunächst hatten scheinbar ganz andere Perspektiven existiert. Der Göttinger Hochschulführer für das Sommersemester 1934, den die Göttinger Studentenschaft herausgab, gibt einen Eindruck von dem damaligen Enthusiasmus und Ehrgeiz. Der Führer der Göttinger Studentenschaft, den man hier auch im Bilde sieht – das Milchgesicht durch eine SA-Uniform und markig in die Hüften gestemmte Arme einigermaßen ausgeglichen –, spricht sich hinreichend deutlich über „Nationalsozialistische Revolution und Studentenschaft" aus. Einerseits erfährt man, daß es damals zwar keine, wie man später sagen sollte, schweigende Mehrheit gab, wohl aber eine „tote Masse". Andererseits sagte der studentische Funktionär nicht zu Unrecht, daß die Studentenschaft während der Weimarer Republik stets ein „Hort der Opposition gegen den Novemberstaat" gewesen war. Doch was sollte nun geschehen? Die Studenten sollten politisch geschult werden, um die Volksfremdheit traditionellen Akademikertums abzulegen.

Manche dieser Forderungen kommen einem nachträglich bekannt vor – nicht anders übrigens als hochschuldidaktische Postulate, die man in dieser Broschüre liest. Der Rektor schreibt: „Ebensowenig können wir mit den überkommenen starren Formen von Vorlesungen und Uebungen auskommen.“ Auch die später immer wieder beklagte Praxisferne akademischen Unterrichts wird verbalisiert, und auch die „Entrümpelung“ des Studiums, heute die patente Formel aller Hochschulpolitiker, findet sich bei dem nationalsozialistischen Rektor von 1934: „Und endlich darf es nicht so sein, daß durch einen unerträglichen Stoffreichtum der Student den Blick für das Entscheidende verliert und von seinen lebendigen Berufsaufgaben abgedrängt wird.“ Wie sollte den Mißständen abgeholfen werden? Nicht so sehr durch Hochschulreform wie vielmehr durch die „neuen Unterrichtsformen des Schulungslagers der Arbeitsgemeinschaft“.

In diesem Sinne wurden Göttinger Dozenten und Professoren in Rittmarshausen versammelt, doch ließ der Impuls der ersten Jahre des neuen Regimes bald nach. Die Mehrheit der Studenten war offensichtlich am Studium des gewählten Faches interessiert, und die Eingriffe der Regierung in die Universität hielten sich nach dem großen Exodus der jüdischen und oppositionellen Gelehrten in Grenzen, zumal sich bei Kriegsbeginn die Prioritäten änderten. So konnte man nach 1945 meinen, die Universitäten hätten die jüngeren Zeitläufe halbwegs unbeschädigt überstanden.

Die ersten zwei Nachkriegsjahrzehnte

Die Kriegsverluste hatten etwa das gleiche Ausmaß wie die von 1914–1918. 663 Namen von Angehörigen der Georgia Augusta nennt eine Liste des Jahres 1958. Das Ausmaß der materiellen Schäden war vergleichsweise gering. Den größten Verlust machte die Zerstörung der Anatomie südlich des Bahnhofs aus. Beschädigungen der Paulinerkirche wurden bald behoben. Bestände der Bibliothek und einiger Institute gingen in einem Kalischacht bei Volpriehausen, in den sie verlagert worden waren, verloren.

Das Wintersemester 1944/1945 war, soweit man das sagen kann, ordnungsgemäß zu Ende gegangen. Am 8. April zogen amerikanische Einheiten in die Stadt ein, und zwar kampflos, da die deutschen Kampftruppen entgegen den Befehlen Hitlers den Versuch einer Verteidigung unterlassen hatten. Verantwortungsbewußtsein, Mut und Glück wirkten zusammen. Die Parteifunktionäre hatten eine dilettantische Verteidigung vorbereitet, flohen aber in letzter Minute – wie überall. Bald lösten englische Kontingente die amerikanischen ab, da Göttingen im Süden der englischen Besatzungszone lag. Gebäude der Universität wurden für die Zwecke der Besatzungsbehörden requiriert, darunter auch die Aula. Ein englischer Offizier, so erzählte man sich, habe die Bilder an der Stirnwand des Festsaals als Zeugnisse deutschen Militarismus kritisiert – bis er erfuhr, daß drei der fünf dargestellten „Militaristen“ Könige von Großbritannien waren.

Die britischen Universitätsoffiziere sind in guter Erinnerung geblieben. Aber sie und ihre amerikanischen Vorgänger nahmen durchaus ihre Rechte wahr. Gleich nach dem Einmarsch war der Rektor, der Altphilologe Hans Drexler (1894–1984), verhaftet worden. Bald wurden Professoren ihrer Ämter enthoben. Zugleich aber begann unter Kontrolle und im Einvernehmen mit der Besatzungsmacht die Neubildung der akademischen Organe in Anlehnung an jene Universitätsverfassung, die durch die Nationalsozialisten zugunsten des Führerprinzips in ihren entscheidenden Partien außer Kraft gesetzt worden war. Rektor wurde Rudolf Smend. Am 1. September genehmigte der an der Spitze der britischen Besatzungstruppen stehende Marschall Montgomery die Wiedereröffnung der Universität. Am 16. September predigte der Theologe Friedrich Gogarten (1887–1967) in der Universitätskirche „Zur Wiedereröffnung der Universität“, und am folgenden Montag – zufällig auf den Tag zweihundertacht Jahre nach der Eröffnung der Universität – begannen die Vorlesungen, früher übrigens als an jeder anderen deutschen Universität. Der Historiker Karl Brandi (1868–

1946), der im vergangenen Wintersemester „Mittelalter I" gelesen hatte, las nun „Mittelalter II".

Der Historiker Hermann Heimpel (1901–1988), der in den nächsten Jahrzehnten das Gesicht der Göttinger Universität prägen sollte wie kaum einer seiner Kollegen, legte vierzig Jahre später Wert auf die Kontinuität, die da zum Ausdruck kam, und er fand, daß die später eingeforderte „Wiedergeburt des Geistes" zur gegebenen Situation nicht gepaßt hätte. „... der unpathetische Anfang war guter Stil auch der britischen Militärregierung ..., und ganz tot war der Geist nicht gewesen". Die Kinder derer, die nun, ernüchtert und erleichtert angesichts des zu Ende gegangenen Schreckens, in den Hörsälen saßen, sollten 25 Jahre später ihren Eltern vorwerfen, damals nicht erst jahrelang Grundsatzdebatten geführt zu haben, bevor sie sich ans Studium und an die Erarbeitung jener komfortablen Lebensumstände machten, unter denen sie, die Kinder, nun litten.

Einfach war die Situation nach Kriegsende – von der materiellen Notlage ganz abgesehen – jedoch nicht. Von den 4.296 Studenten, die damals immatrikuliert waren – ein Drittel derer, die sich darum bemüht hatten –, waren 78 Prozent Männer, und von denen waren nur 1,5 Prozent nicht Soldaten gewesen, 30,8 Prozent aber Offiziere. Es war die Frage, wie gerade sie sich zu dem demokratischen Neuanfang stellen würden, für den die Besatzungsmacht sorgen wollte und zu dem die meisten Professoren gewiß entschlossen waren. Die Erinnerung an die gestörten Lebensläufe jener jungen Offiziere, die den Ersten Weltkrieg überlebt hatten und damals keinen Platz im zivilen Leben gefunden hatten, konnte schrecken.

Am 5. Oktober fand in Anwesenheit hunderter von Studenten eine Diskussion mit Axel von dem Bussche (1919–1993) statt. Der Offizier hatte nicht nur zum militärischen Widerstand gegen Hitler gehört, sondern selbst einen Versuch unternommen, diesen zu beseitigen. Bei einer Vorführung neuer Uniformen, die dann nicht zustandekam, wollte er sich und Hitler in die Luft sprengen. Hatte er als Offizier, der auf Hitler geschworen hatte, ein Attentat vorbereiten dürfen? Es gelang ihm, seine Entscheidung plausibel zu machen, und so wurde er später zum ersten Vorsitzenden des Göttinger AStA gewählt.

Die Amtsenthebungen gleich nach dem Beginn des Besatzungsregimes konnten nur als vorläufige Entscheidungen gelten. In allen Besatzungszonen und an allen Universitäten begannen nun die Entnazifizierungen. Auch dort, wo es nicht, wie in der Sowjetischen Besatzungszone, primär um die Etablierung eines neuen Gewaltregimes ging, waren diese Verfahren in vieler Hinsicht fragwürdig. Die Entscheidungsorgane der Besatzungsmächte schwankten zwischen Pragmatismus und Radikalität. Der Wunsch, entschiedene Urteile zu fällen, widerstritt der Einsicht, auf Spezialisten nicht verzichten zu können.

In Niedersachsen wurden bis zum Juli 1946 31 Prozent der Professoren, Dozenten und Assistenten entlassen. Ein Viertel der Entlassenen legte erfolgreich Beschwerde ein, so daß am Ende nur 23 Prozent entlassen wurden. In sehr viel höherem Maße als 1933 und in den folgenden Jahren war die Entfernung aus dem aktiven Dienst mit der Gewährung von Ruhestandsbezügen verbunden.

Wer bei der späteren Sicht auf diese Hergänge nicht ohnehin sieht, wie schwierig es hier war, Gerechtigkeit walten zu lassen, kann sich durch die Aporien belehren lassen, die sich seit 1990 im Hinblick auf das Schicksal derer eröffneten, die in den Jahren zuvor an den DDR-Universitäten tätig gewesen waren. Ebenso wie jetzt war auch für die nationalsozialistische Zeit die Zugehörigkeit zu den entsprechenden politischen Organisationen nur von begrenztem Aussagewert. Der Althistoriker Ulrich Kahrstedt (1888–1962), extrem nationalistisch und auch rassistisch orientiert, hatte am 18. Januar 1934 in der Aula der Universität eine Festrede gehalten und dabei den Historiker Karl Brandi heftig angegriffen, weil dieser am internationalen Historikerkongreß in Warschau teilgenommen hatte. Was würde bei solcher Vaterlandslosigkeit in anderen Ländern geschehen?, so fragte der Redner. Und er antwortete nicht nur: „Die Studenten nehmen Knüppel und schlagen die Professoren tot“, sondern er schwur auch einen pathetischen Eid: „... wir sagen ab der internationalen Wissenschaft, wir sagen ab der internationalen Gelehrtenrepublik, wir sagen ab der Forschung um der Forschung willen ..." Die Sache hatte in einer Zeit, da die herkömmlichen Ehrbegriffe noch teilweise in Geltung waren, Konsequenzen. Brandi und sein jüngerer Kollege Percy Ernst Schramm (1894–1970) forderten Kahrstedt zum Duell. Dieser „kniff", wie man das in der traditionellen Terminologie nannte. Da er der nationalsozialistischen Partei nicht angehört hatte, geschah ihm 1945 nichts, während Schramm, der am Ende in die Partei eingetreten war, zeitweilig seines Amtes entsetzt wurde. Doch wie auch anders, wenn man nicht Gesinnungen bestrafen wollte oder gar Dummheit, wenn man nicht einfach feststellen wollte, daß derjenige, der „der Forschung um der Forschung willen" feierlich absagte, an einer Universität fehl am Platze war? Das sind, wie gesagt, auch die Aporien der Jahre seit 1990.

Was aber taten jene Gelehrten, die durch die Nationalsozialisten aus ihren Ämtern verdrängt worden waren? Auch hier verbieten sich entschiedene Antworten. So einfach ließ sich nicht ungeschehen machen, was geschehen war. Die Emigranten hatten in den meisten Fällen große Schwierigkeiten gehabt, eine angemessene Position zu finden. Doch zuweilen war das schließlich gelungen, und so lehnte mancher – vernünftigerweise – die Rückkehr, zu der er eingeladen wurde, ab. Dennoch wird man sagen können, daß es der Universität gelang, eine verhältnismäßig große Zahl von vertriebenen Professoren zurückzugewinnen, darunter zum Beispiel die Juristen Julius von Giercke (1875–1960), Herbert Kraus (1884–1965) und Gerhard Leibholz (1901–1982), den schon erwähnten Altphilologen Kurt Latte, den Philosophen Georg Misch (1878–1965), den Pädagogen Hermann Nohl (1879–1960). Zu denen, die als Emigranten ein Wirkungsfeld gefunden hatten, das sie nicht verlassen wollten, gehörten zum Beispiel die Kunsthistoriker Wolfgang Stechow (1896– 1974) und Nikolaus Pevsner (1902–1985).

Der Neubeginn 1945 hatte durchaus auch eine Änderung der Universitätsverfassung zur Folge. 1946 war eine neue Satzung ausgearbeitet worden, doch der Staat war nicht bereit, sie zu erlassen. Die zwei Jahre später in Kraft gesetzte Satzung war im wesentlichen die von 1930. Zwischen diesem restaurativen Akt und den lebhaften Debatten um eine Reform der Universitäten bestand eine Diskrepanz.

Auch wenn die außergewöhnliche Situation des Neubeginns nicht anhielt – die Immatrikulierten von 1945 und 1946 waren älter als die Studienanfänger der früheren und der späteren Zeit, und sie waren durch ihre Kriegserlebnisse geprägt –, blieb doch die Meinung, die Universitäten könnten nicht einfach so fortfahren, wie sie bis 1933 verfahren waren. Reformvorstellungen der zwanziger Jahre wurden aufgenommen. Die traditionellen Grenzen zwischen „Akademikern" und Arbeitern sollten reduziert werden – was im übrigen ja auch nach 1933 die Parole gewesen war, als man von der Vereinigung derer sprach, die „mit der Stirn" tätig waren, und derer, die „mit der Faust" arbeiteten. Die traditionellen Formen akademischen Lebens sollten überwunden werden. So bemühte man sich darum, an die Stelle der Korporationen und ihrer Häuser Wohnheime zu setzen, deren Aufgabe nicht einfach darin bestand, billigen Wohnraum zur Verfügung zu stellen, sondern die auch die Lebensform eines neuen Universitätsabsolventen vorbereiten sollten. In Göttingen ist aus dieser Zeit die Akademische Burse geblieben.

Die Göttinger Universität der ersten Nachkriegsjahre war auch davon bestimmt, daß hier nicht nur viele studentische Flüchtlinge und Vertriebene gestrandet waren, sondern auch Professoren und Dozenten, die zuvor in Königsberg, Breslau oder Straßburg an Universitäten tätig gewesen waren, die es nun nicht mehr gab. In dem Maße, in dem in der Sowjetischen Besatzungszone und künftigen DDR die „bürgerlichen" Gelehrten aus den Universitäten verdrängt wurden, erwies sich Göttingen abermals als eine Art Rettungshafen. Die Vielfalt dessen, was man im Göttingen der ersten Nachkriegsjahre hören konnte, war nicht nur im Vergleich zu der reduzierten Gestalt, die diese Universität in der Zeit des Nationalsozialismus gehabt hatte, bemerkenswert. Es kam hinzu, daß in diesen Semestern, da sich viele darum bemühten, sich geistig zu orientieren, die Grenzen zwischen den Fakultäten und den Fächern so niedrig waren, wie niemals in den Jahrzehnten zuvor – von der nachfolgenden Zeit zu schweigen. Während es heute geradezu als unzüchtig gilt, wenn ein Professor sich die Vorlesung eines Kollegen anhört, fanden sich damals Studenten und Dozenten aller Fakultäten in großen Vorlesungen zusammen, wie sie zum Beispiel Carl Friedrich von Weizsäcker (geboren 1912) hielt.

Doch ließ sich die außergewöhnliche Situation der ersten Nachkriegssemester nicht auf Dauer fortsetzen. Die Angehörigen der Kriegsjahrgänge machten ihre Examina und verließen rasch die Universität – begreiflicherweise, da der Krieg sie so viele Jahre ihres Lebens gekostet hatte. Die nachfolgende Generation derer, die in Göttingen und anderswo studierten, war zwar gleichfalls vom Krieg geprägt, aber die gymnasialen Jahre hatten diese Studenten schon wieder in leidlicher Normalität erlebt – falls sie nicht in der Sowjetischen Besatzungszone beziehungsweise DDR zur Schule gegangen waren. Die Flüchtlinge aus der „Ostzone“ haben gerade das Gesicht einer so dicht an der Zonengrenze gelegenen Universität wie Göttingen bestimmt.

Die ersten Jahre nach 1949 stehen aus späterer Perspektive leicht unter dem Verdikt „Restauration“. Die Berechtigung dieses Verdikts ist fragwürdig. Unabhängig davon wird man aber sagen können, daß sich gerade die Geschichte der Göttinger Universität einem solchen Urteil versperrt, wie man an den Ereignissen des Jahres 1955 sieht.

Damals war es nach der Landtagswahl zur Bildung einer „Bürgerblock“-Regierung gekommen. Heinrich Hellwege, Chef der gerade in Niedersachsen starken konservativen Deutschen Partei, hatte die Bildung einer Regierung übernommen und dabei den Freien Demokraten Leonhard Schlüter zum Kultusminister ernannt. Der Minister war eine in vieler Hinsicht zweifelhafte Gestalt. Daß ihn nichts zur Führung des Ministeriums qualifizierte, unterschied ihn nicht von späteren Inhabern des entsprechenden Amtes. Damals fiel das freilich auf. Schlimmer jedoch war, daß Schlüter der Verleger ganz eindeutig neonationalsozialistischer Schriften war. Das wollte man in Göttingen nicht ertragen, und so artikulierte sich bald nach der Regierungsbildung studentischer Widerstand, und der setzte sich in die akademischen Organe fort. Die Professoren traten von ihren Selbstverwaltungs-Ämtern zurück, der Göttinger Widerstand wurde auch von anderen westdeutschen Universitäten unterstützt, und so mußte Schlüter schließlich zurücktreten.

Hat man es hier mit einer Wiederholung der Ereignisse von 1837 zu tun? Dergleichen sollte man nicht so einfach behaupten. Doch wird man die Vorgänge auf der anderen Seite nicht überschätzen, wenn man feststellt, daß Schlüter ein besonders ungeeigneter Hochschulminister war und es der Universität immerhin gelang, diesen Minister zu beseitigen. Die Frage, ob dergleichen heute möglich wäre, sollte man besser nicht stellen.

Die Erinnerung an frühere heroische Ereignisse ist stets problematisch. Immerhin bedrohte 1955 der damalige Ministerpräsident den Rektor mit der Entlassung der protestierenden Professoren. 1837 waren liberale Bürger bereit gewesen, den Entlassenen ihren Lebensunterhalt zu finanzieren. Nun erklärte diese Bereitschaft einer der führenden Manager, nämlich der Bankier Hermann Josef Abs. Doch erwies sich eine Realisierung dieses Versprechens als nicht nötig. Ein Ministerpräsident konnte Professoren nicht so einfach entfernen wie sein monarchischer Vorgänger des Jahres 1837, und das galt auch zwei Jahre später, als achtzehn Naturwissenschaftler öffentlich erklärten, sie würden keineswegs bereit sein, bei der Entwicklung deutscher Atomwaffen mitzuarbeiten. Von den damaligen „Göttinger Achtzehn" waren tatsächlich Göttinger nur sieben, und auch sonst wird man den Bezug auf die früheren Ereignisse nicht eben überzeugend finden. 1837 war das Risiko groß. Nun bestand dergleichen nicht. Immerhin artikulierten sich aber nun Gelehrte im Hinblick auf die Folgen ihres Tuns. Und sie artikulierten sich überhaupt, während ansonsten die Universitäten gediehen und wuchsen, ohne daß sich die Einsicht durchsetzte, das Wachstum würde vielleicht auch Veränderungen erfordern. Umso tiefer griff, was seit den späten sechziger Jahren hektisch artikuliert, gefordert und zum Teil auch verwirklicht wurde. Diese Ereignisse hatten auch zur Folge, daß der Sturz des Ministers Schlüter durch die Göttinger Universität in Vergessenheit geriet. Das Schicksal des Ministers hätte die spätere – die im nächsten Abschnitt darzustellenden Ereignisse legitimierende – Legende gestört, derzufolge nach 1945 an den Universitäten die pure Restauration herrschte. Zudem empfahl sich ein Schweigen über den Fall Schlüter auch deshalb, weil dieser formal ja ganz ohne Fehler zu seinem Amt gekommen war: Der Göttinger Protest hatte indirekt auch auf den Parteienstaat gezielt. Er ist also aktuell.

Reformziele und Reformresultate: Mitbestimmung und Bürokratie

In den späten sechziger Jahren begann an den Universitäten der Bundesrepublik Deutschland eine Art von Revolution. Deren Ergebnisse prägen die heutige Wirklichkeit der deutschen Universitäten – auch in den neuen Bundesländern, wenngleich dort in geringerem Maße –, und so weit diese Wirklichkeit durch die Hochschulgesetze bestimmt wird, die im Gefolge der Universitäten-Revolution erlassen wurden, muß man sogar sagen, daß die – gewollten und vor allen Dingen die ungewollten – Folgen von „1968“ fundamental sind.

Die Göttinger Ereignisse hingen mit dem zusammen, was damals nicht nur an anderen Universitäten der Bundesrepublik geschah, sondern auch an französischen und in den Vereinigten Staaten von Amerika. Und es ging nicht nur um die Universitäten.

Im damaligen Westdeutschland meldete sich eine neue Generation zu Wort. Die erfolgreichen zwanzig Nachkriegsjahre gerieten in ein unerwartet zweifelhaftes Licht. Der wirtschaftliche Erfolg erschien nun als die Frucht eines restaurativen Vorgangs und angesichts eines Konjunktureinbruchs zudem als eine Selbsttäuschung. Das kapitalistische Wirtschaftssystem schien vor seinem baldigen Ende zu stehen.

Spätkapitalismus, so hieß das nun grassierende Propheten-Wort. Es kam in den Hörsälen – vor allem der sozial- und geisteswissenschaftlichen Fächer – zu einer Art von Marxismus-Renaissance. Daß diese Renaissance sowie die neue politische Bewegung überhaupt von Seiten der DDR organisatorisch und finanziell unterstützt wurde, blieb damals nicht gänzlich verborgen. Doch so genau wollte man es nicht wissen.

In den Universitäten wurde die Mitbestimmungs-Frage, die seit der Mitte des vorigen Jahrhunderts eine Sache vor allem der Nichtordinarien gewesen war, abermals aufgenommen und zugespitzt. Studenten, bald auch wissenschaftliche und nichtwissenschaftliche Mitarbeiter und schließlich die habilitierten Nichtordinarien meldeten sich mit der Forderung zu Wort, Sitz und Stimme in den Organen der akademischen Selbstverwaltung zu haben. Die „Drittelparität", also die Zusammensetzung der akademischen Organe je aus einem Drittel von Habilitierten, wissenschaftlichen Mitarbeitern und Studenten, wurde zur griffigen Kampfparole und war im übrigen auch ein Zeugnis für den traditionellen Akademismus, der sich da rot verkleidete: An die Mitbestimmung der nichtwissenschaftlichen Mitarbeiter dachten die Wortführer der Studenten zunächst nicht, und jene waren es einstweilen, die sich dem „antiautoritären" Verhalten noch am ehesten entgegenstellten, da sie schließlich den Müll in den Versammlungsräumen wegschaffen mußten.

In Göttingen nahmen die Dinge sehr bald ihren Lauf – vor allem nach dem Vorbild der Ereignisse an der Freien Universität in Berlin. Ende 1967 begannen Beratungen über eine neue Universitätssatzung, die 1969 in Kraft trat, von vornherein als Übergangssatzung galt und 1970 ihre Gültigkeit verlieren sollte, was jedoch nicht termingemäß geschah. Das war die Folge davon, daß das 1971 erlassene Hochschulgesetz aufgrund einer von 398 niedersächsischen Professoren und Dozenten angestrengten Klage 1973 vom Bundesverfassungsgericht für verfassungswidrig erklärt wurde. Das Gericht akzeptierte zwar die sogenannte Gruppenuniversität, stellte aber fest, daß die Gruppe der Professoren homogen sein müsse –

daß ihr also nicht auch nichthabilitierte wissenschaftliche Mitarbeiter angehören durften – und daß die Entscheidungen, die unmittelbar Forschung und Lehre beträfen, so zustandekommen müßten, daß die Professoren über die Mehrheit verfügten. Das Hochschulrahmengesetz der Bundesrepublik, das 1976 in Kraft trat, folgte dem Urteil, und das zwei Jahre später in Kraft gesetzte niedersächsische Hochschulgesetz paßte sich seinerseits dem des Bundes an.

Doch waren es nicht nur die Mechanismen der Gruppenuniversität, welche in den neuen Gesetzen geregelt wurden. Das zweite Merkmal, das die Göttinger Universität in ihrer durch das Gesetz von 1978 geprägten Gestalt kennzeichnete, war die Ersetzung der traditionell dualistischen durch die Einheitsverwaltung. An die Stelle des Rektors, des obersten Repräsentanten der akademischen Selbstverwaltung, und des Kurators als der Spitze der staatlichen Administration trat zwar nicht, wie das Wort Einheitsverwaltung erwarten lassen könnte, ein Präsident mit Befugnissen für das eine wie für das andere Feld, sondern ein Präsidium, dem neben dem Präsidenten ein Kanzler als der Verwaltungschef angehört, der aber dem Wortlaut des Gesetzes zufolge keineswegs etwa der Kurator in neuer Gestalt war, sondern ein untergeordnetes Organ, das den Präsidenten unterstützen und an seine Richtlinien und Entscheidungen gebunden sein sollte. Daß die Position des Kanzlers in Wahrheit viel stärker ist, verriet das Gesetz nicht – wie es auch sonst in vieler Hinsicht ein Trugbild erzeugte.

Das gilt vor allem für die finanziellen Wirkungen der Einheitsverwaltung. Diese hatte, so war immer wieder gesagt worden, die Selbstverwaltung der Universität dadurch stärken sollen, daß ihr nun entsprechende Kompetenzen über die Verteilung der Finanzen übertragen wurden. Doch das geschah gerade nicht. Globalzuweisungen und Möglichkeiten der Übertragung von Mitteln aus einem Etatposten auf den anderen durch akademische Organe hielten sich in engen Grenzen. Wenn seit neuestem Anstalten gemacht werden, die finanztechnischen Kompetenzen der akademischen Organe zu vermehren, dann liegt das daran, daß es jetzt um

Abbau geht und die Regierung Gefallen daran findet, die Verantwortung für das, was sie selbst verschuldet hat, auf die Universität abzuladen.

Das dritte Strukturmerkmal der veränderten Universität war die Beseitigung der Fakultäten, und zwar im doppelten Sinne des Wortes. Einerseits kam es zu Aufteilungen. Die ersten drei Fakultäten, die theologische, die Juristische und die Medizinische, blieben ungeteilt bestehen, andere – wie namentlich die Philosophische und die Mathematisch-Naturwissenschaftliche – wurden in Fachbereiche zerlegt. Im Falle der Philosophischen Fakultät erwies sich dieser Versuch als so unsinnig, daß man zur alten Ordnung zurückkehrte. Doch wurden die Fakultäten, wie schon gesagt, nicht nur in diesem Sinne verändert.

Denn das Wort Fakultät meinte ja andererseits auch das akademische Organ gleichen Namens, also den Zusammentritt aller ordentlichen Professoren einer Fakultät und einiger gewählter Vertreter der anderen Professoren und der Dozenten zu einem Beratungs- und Beschlußorgan. Schon mit der Teilnahme nur von Vertretern der Nichtordinarien war das Prinzip, daß alle akademischen Lehrer an den Entscheidungen über Berufungen, Promotionen und Habilitationen teilnehmen sollten, durchbrochen. Die Fakultät bestand aus geborenen und aus gewählten Mitgliedern. Die Zahl der letzteren wurde jetzt aber vermehrt, indem auch Vertreter der wissenschaftlichen Mitarbeiter, der Studenten und des nichtwissenschaftlichen Personals gewählt wurden.

Nicht nur wegen dieser Vergrößerung des Gremiums und auch wohl nicht bloß deshalb, weil man bei den großen Fakultäten schon zuvor gefunden hatte, die Zahl der Mitglieder des Beschlußorgans Fakultät sei zu groß, verloren nun die ordentlichen Professoren die mit ihrem Amt verbundene Zugehörigkeit. Auch Egalitarismus war am Werk, zumal die Bezeichnung Ordinarius – die bisher in den Universitäten nur selten gebraucht worden war – jetzt geradezu zum Schimpfwort wurde und die Beseitigung der Ordinarien-Privilegien als der Schlüssel erschien, der die Tür zu einer neuen und schöneren Universität zu öffnen versprach.

Eine Art Höhepunkt der in den sechziger Jahren geschaffenen Universitätsarchitektur stellt das Verfügungsgebäude von 1968 dar, dessen Name immerhin gut zur Gestalt dieses Bauwerks paßt. Doch repräsentiert es nicht nur die Göttinger Hochschularchitektur seiner Zeit. Von ganz ähnlicher Gestalt ist zum Beispiel das Seminargebäude der Berliner Humboldt-Universität am Hegelplatz. Links des Verfügungsgebäudes sieht man das 1960 bis 1962 errichtete Juridicum (Platz der Göttinger Sieben 6), im Vergleich mit dem Verfügungsgebäude geradezu ein Kunstwerk, während sich rechts der Neubau der Universitätsbibliothek von Eckhard Gerber anschließt, der in den Jahren 1985 bis 1992 errichtet wurde. Das Treppenpodest davor stellt nicht etwa, wie man denken könnte, eine „Bodenskulptur“ (S. 75) dar, sondern nur einen Ausgang aus der Tiefgarage, der spielerisch gestaltet werden sollte, jedoch ein wenig anders geriet.

Ein Prozent der Kosten, welche das neue Bibliotheksgebäude verursachte, wurden entsprechend den damaligen Normen an dessen künstlerische Ausstattung verwandt. Friedrich Meckseper schuf für die Eingangshalle ein großes gläsernes Alphabet, während im Außenbereich Erich Reusch eine grün kolorierte Eisenröhre neben einer Reihe größerer Steinbrocken zwischen dem Bibliotheksgebäude und dem Nikolausberger Weg errichten ließ – eine „Bodenskulptur", mit der deren Urheber seinen eigenen Worten zufolge die Absicht verfolgte, „den gegebenen Raum zu differenzieren und den Übergang von der Universität zum städtischen Bereich sowohl von der Universität zur Stadt als auch von der Stadt zur Universität signifikant zu machen". Das, so wird man sagen können, ist ihm gelungen. Am linken Bildrand sieht man das gleichzeitig mit dem Juridicum erbaute Theologicum, dahinter das Mensa-Gebäude.

Aus diesem Grund mußten jetzt Ordinarienvertreter in die Fachbereichsräte, die Nachfolger der Beschlußorgane namens Fakultät, auch dann gewählt werden, wenn das von der Zahl her gar nicht nötig gewesen wäre. Entsprechend wurden auch Räte der Institute und Seminare eingerichtet. Wenn an einem solchen zum Beispiel vier Professoren tätig sind, so sind diese genötigt, immer drei von ihnen in den Institutsvorstand zu wählen – um des Prinzips willen, aber vor allem auch wegen der Gruppenparität, die seitdem das Grundmuster der Verfassung auf allen Ebenen bildet. Sieben Professoren, zwei Studenten, zwei wissenschaftliche Mitarbeiter und zwei nichtwissenschaftliche Mitarbeiter: So heißt nun die Formel, auf der die Universität – scheinbar – aufruht.

Schon bei den ersten Normierungen dieser Art ließ sich erkennen, welche Folgen die neue Struktur für den Zusammenhalt der Universität haben würde. Wie sollen beispielsweise die sieben Professoren, die im Rat der seit 1996 wieder so bezeichneten Philosophischen Fakultät Sitz und Stimme haben, die achtundzwanzig Seminare und Institute koordinieren, die zu dieser Fakultät gehören, wie ein Senat, dem wiederum sieben Professoren angehören, vierzehn Fakultäten? Manche Notkonstruktionen sieht das Gesetz vor, andere wie etwa Professorenversammlungen, in denen die Beschlüsse der Fakultätsräte vorbereitet werden, finden außerhalb des Gesetzes statt – schwerlich in dessen Sinne und gewiß auch nicht mit dem Effekt, daß auf diese Weise die Kooperation der Gruppenangehörigen gefördert wird.

Die Kluft zwischen der täglichen Arbeit und dem, was zum Beispiel in Fakultätsräten diskutiert und beschlossen wird, ist groß. Die Gefahr, daß diejenigen, die dort mitwirken, als die betrachtet werden, die nichts Besseres zustande bringen und aus der Wissenschaft in die Hochschulpolitik ausweichen, ist groß – bei den Professoren nicht anders als bei den Mitarbeitern, sofern diese ihre Stelle auf Lebenszeit innehaben. Daß ein akademischer Rat oder eine Büroangestellte, die nun Jahr um Jahr in einem solchen Gremium wirken, vorzügliche Arbeit leisten und allmählich ein Wissen erwerben, wie es früher ein alter Ordinarius hatte, wirkt sich vielfach positiv aus. Doch so hatten sich die Vorkämpfer der Gruppen-Universität die Sache nicht vorgestellt.

Das studentische Interesse an der Mitgliedschaft in akademischen Organen ist noch geringer als die Wahlbeteiligung, zumal die nun schon traditionelle Polemik weiterwirkt, derzufolge man bei einer Professorenmehrheit ohnehin nur eine Alibifunktion habe. Tatsächlich kommt es im günstigen Falle, zum Beispiel in Berufungskommissionen, durchaus zu einem gleichberechtigten Mitwirken von Studentenvertretern – falls die nur sachkundig sind und sich nicht der Versuchung hingeben, fehlende Kompetenz durch politische Parolen zu ersetzen. In solchen Fällen bietet die Universität aber immerhin eine Art Übungsfeld für künftige Politiker und sorgt auf diese Weise für den Nachwuchs des Parlaments, dem sie ihre Ordnung verdankt. Für die Karriere vom studentischen Gremien- oder AStA-Mitglied zum Abgeordneten oder Minister gibt es inzwischen Beispiele.

Die Frage, wie man alle diese Veränderungen und ihre Gründe zu erklären habe, läßt sich schwer beantworten. War die Universität eine Art von Exerzierfeld, auf dem diejenigen zum Erfolg kamen, die Veränderungen dort, wo sie sie eigentlich wünschten, – in der Wirtschaft, in der Staatsverfassung – offensichtlich nicht erreichen konnten? Und waren Abgeordnete und Minister froh, ihren eigenen Reformeifer dort zu beweisen, wo mißglückte Reformen sie selber gar nicht treffen würden? Ein Anzeichen dafür könnte sein, daß – wie schon 1933 – zuweilen die medizinischen Fakultäten ausgenommen oder auf andere Art verändert wurden als die übrigen. Der Gedanke, in einer Universitätsklinik noch am ehesten die Folgen hochschulpolitischen Tuns am eigenen Leibe spüren zu können, tut hier sein Werk.

Universitäten, die in der europäischen Tradition stehen, sind Institutionen, die der offenen Diskussion Raum geben müssen. So boten sich die Universitäten gerade aufgrund ihres besonderen Charakters als ein Laboratorium gesellschaftlicher Reformen an – wenngleich in unterschiedlicher Intensität – von Fakultät zu Fakultät, von Fach zu Fach. Die Unterschiede lagen nicht nur in durch das Fach geprägten

Mentalitäten, also zum Beispiel darin, daß Staatsrechtslehrer die universitären Verfassungen in der Regel anders angingen als die Repräsentanten „unpolitischer“ Fächer, die nun Bekehrungserlebnisse hatten und sich – auf abermals höchst unpolitische Weise – in die Hochschulpolitik stürzten. Wenigstens ebenso gewichtig waren die unterschiedlichen „Produktionsbedingungen“ von Wissenschaft, die für eine Universität charakteristisch sind, auf der einen Seite das Studium der Bücherwissenschaften, auf der anderen Seite die Arbeit in Laboratorien mit Großgerät, das Millionen kostet.

Die Frage nach den Ursachen des raschen Wandels vor einem Vierteljahrhundert ist nicht selten mit dem Hinweis auf die Vergrößerung der Universität und die Zunahme der Studenten-Zahlen beantwortet worden. War die traditionelle Verfassung nicht außerstande, den neuen Quantitäten gerecht zu werden? Die Zahlen geben eine eindeutige Antwort jedoch nicht. In den frühen fünfziger Jahren studierten weniger Studenten in Göttingen als in den ersten Semestern nach 1945. Doch sank die Zahl nie unter viertausend. Mitte der sechziger Jahre, als die Unruhen begannen, lag die Zahl der Studierenden bei 10.000. Soll man daraus, daß vor kurzem die 30.000-Marke überschritten – und bald darauf wieder ein wenig unterschritten – wurde, schließen, daß die in den späten sechziger Jahren vermutete Massenuniversität ein Phantom war? Der Umstand, daß das Zahlenverhältnis der Studierenden zu den Lehrenden damals in der Regel günstiger war als heute, könnte dafür sprechen. Seit den späten fünfziger Jahren war nicht nur die Zahl der Studierenden gewachsen, sondern auch das Personal war vermehrt worden – wenngleich in problematischer Weise. Statt neuer Professuren wurden nicht selten die Stellen von – schlechter besoldeten – nichthabilitierten Mitarbeitern geschaffen, die oft genug der Sache nach aber keine „Mitarbeiter“ waren, sondern selbständig lehrten.

Hier war eine problematische Struktur entstanden. Die Universitätssatzung und die Universitätswirklichkeit waren auseinander getreten, und die akademischen Organe waren offensichtlich nicht in der Lage, angemessen zu reagieren.

Viele Professoren erwiesen sich in der damaligen Situation als einigermaßen hilflos – sei es, daß sie sich auf die uneingeschränkte Verteidigung der bestehenden Zustände versteiften, sei es, daß sie sich, ebenso unpolitisch reagierend, denen zugesellten, die die Universität zerschlagen wollten.

Dieses Ziel wurde nicht nur mit Worten verfolgt. Die Störung von Sitzungen und Lehrveranstaltungen wurde zum gebräuchlichen Kampfmittel. Die Forderung, akademische Organe sollten öffentlich beraten, wollte sie erpreßbar machen. Dabei waren es in aller Regel nur Minderheiten, die sich so artikulierten. Doch gelang es diesen Minderheiten vielfach, die Diskussionen zu dominieren. Studenten, die anderes im Sinn hatten, widersprachen nicht, sondern schwiegen oder erschienen gar nicht erst auf den Versammlungen.

Die wissenschaftlichen Mitarbeiter befanden sich in einer widersprüchlichen Lage, jedenfalls die Mehrheit unter ihnen, also diejenigen, die befristete Nachwuchsstellen innehatten und sich habilitieren sollten. Soweit sie sich als künftige Hochschullehrer der Universität verbunden wußten, ergab sich nun die Möglichkeit, das, was sie taten, und das, was sie waren, in Übereinstimmung zu bringen. Bisher hatten sie zur Universität als solcher in keinem Verhältnis gestanden. Sie waren nur bei den Instituten und Seminaren angestellt gewesen. Wie, so mußten sie sich fragen, würde sich die Arbeit in den Gremien der Universität damit vereinen lassen, daß die Frist für die Vorbereitung auf die Habilitation begrenzt war? Einige hofften, die Schwierigkeit werde sich durch die Abschaffung der Habilitation lösen lassen, und im Einzelfall gelang das auch, nämlich durch die Ernennung zum Professor an der Reformuniversität Bremen. Inzwischen ist das Problem noch verschärft worden, denn nun werden wissenschaftliche Assistenten keinesfalls länger als sechs Jahre lang beschäftigt. Wer in dieser Zeit außer Forschung und Lehre noch akademische Selbstverwaltung betreibt, ist entweder leichtsinnig oder so einsichtig, daß er sich als künftiger Professor rechtzeitig an die Achtzig-Stunden-Woche gewöhnt.

Auf andere Art schwierig war die Situation der Professoren. Viele von denen, die ihre Amtspflichten ernst genommen hatten – und das waren die meisten –, sahen sich durch die neuen Regelungen nicht nur gekränkt, sondern in der sachgemäßen Ausübung ihres Berufes behindert. Die Wahlordnungen muteten ihnen zu, sich in einer Art von politischen Parteien zu organisieren. Wo man sich den Humor nicht nehmen ließ und einig war, kam es nun – auf Fakultäts- beziehungsweise Fachbereichsebene – zu Maskeraden. Anders stand es mit der Wahl der zentralen Organe. Wenn hunderte von Professoren, die sich persönlich nicht alle kannten, sieben Senatoren wählen sollten, dann hatten Kandidaten- und Wählergruppen, also „Parteien", durchaus einen Sinn.

Doch bewirken Parteien nicht nur Integration, sondern auch Spaltung. Bisher waren sich die Professoren mehr oder weniger einig gewesen. Wer sich für die Universität im Ganzen nicht interessierte, konzentrierte sein Interesse auf die Fakultät oder auf das eigene Fach – im guten Falle, weil er ein produktiver Eigenbrötler, im schlechten, weil er ein Egozentriker war. Das eine wie das andere ließ sich ertragen.

Nun sollten sich die Professoren hochschulpolitisch erklären. Zuweilen konnte man befürchten, die Universität werde zu einem Abbild des Parteien-Staates werden, also zu dem, was Parlamentarier und Regierungsangehörige in Verallgemeinerung ihrer eigenen Lebensform wollten. Am Ende gelang es trotzdem, die Exzentriker unter den Professoren nicht allzusehr zur Geltung kommen und die Wahllisten doch nicht zu Parteien werden zu lassen. Anders als namentlich im Fall der soeben gegründeten Universitäten wurden in Göttingen zu Rektoren und später zu Präsidenten stets Professoren gewählt, die nicht nur eine Mehrheit von Universitätsangehörigen hinter sich wußten, sondern auch Gelehrte waren, wegen derer sich die Universitätsangehörigen nicht zu genieren brauchten – im Gegenteil. Dennoch wurde der Zusammenhalt strapaziert.

Die Universität heute

Die heutige Göttinger Universität hat eine mehrfache Gestalt. Auf der einen Seite hat man objektive Gegebenheiten, auf der anderen Wahrnehmungen.

Zu den Gegebenheiten gehört die Verfassung, wie sie durch das zuletzt 1994 novellierte Hochschulgesetz gegeben ist sowie durch die ihm folgende Satzung. Die Universitäten haben gegen die letzte Novellierung protestiert, die Verdichtung der Regelungsmechanismen beklagt, sich gegen die Zurückdrängung der Forschung zugunsten der Lehre gewandt und vor der Privilegierung von Minderheiten gewarnt, ohne daß sie etwas erreicht hätten. Die Mehrheit des Parlaments ließ sich nicht davon abbringen, das Gesetz so zu novellieren, wie sie sich das vorgenommen hatte.

Anders als zwei Jahrzehnte zuvor rief der Vorgang ein größeres Interesse nicht einmal in der Universität hervor, und das charakterisiert den heutigen Zustand auch sonst. Wer von der Regelungsflut nicht unmittelbar betroffen ist, nimmt diese Bestimmungen nicht zur Kenntnis. Am deutlichsten spiegelt sich das mangelnde Interesse der Gruppenangehörigen an der Gruppenuniversität in der Wahlbeteiligung.

Ähnlich wie schon seit vielen Jahren beteiligten sich zum Beispiel 1993 an den Wahlen zu den akademischen Organen die Professoren zu 83 Prozent, die wissenschaftlichen Mitarbeiter zu 42 Prozent, die nichtwissenschaftlichen zu 22 Prozent und die Studenten zu 27 Prozent. Noch niedriger liegt die Beteiligung bei den Wahlen zum Studentenparlament.

Daß die Mehrheit der Studenten und Mitarbeiter an den Mitbestimmungsregelungen, die da für sie erkämpft werden sollten, gar nicht interessiert sei, wurde schon früh bemerkt. Doch war der Gesetzgeber nie mutig genug, diesem Sachverhalt ins Auge zu blicken und aus ihm etwa einen Zusammenhang zwischen Wahlbeteiligung und Gewicht in den Gremien abzuleiten. Zum Zusammenstoß zwischen politischer Fiktion und Wirklichkeit kam es namentlich dort, wo die allgemeinen Studentenausschüsse, gewählt nur von einer Minderheit, finanziert aber von den Gebühren aller Studenten, die ihnen zur Verfügung stehenden Mittel nicht satzungsgemäß verwandten, sondern im Sinne dessen gebrauchten, was nun politisches Mandat genannt wurde.

Wären diejenigen, die das taten, besser gebildet gewesen, als sie es waren, so hätten sie sich mit dem Argument verteidigen können, daß in der ersten Nachkriegszeit, da die Studentenausschüsse nicht Exponenten radikaler Minderheiten waren, das politische Mandat, ohne daß man diesen Begriff gebraucht hätte, ohne weiteres praktiziert wurde, nicht zuletzt beim Sturz des Ministers Schlüter im Jahre 1955. An ihm war der damalige Student Norbert Kamp beteiligt, der vier Jahrzehnte später als Präsident der Universität Mühe damit haben sollte, den allgemeinen Studentenausschuß an der Wahrnehmung des politischen Mandats zu hindern. Man hatte es nicht gewagt wahrzunehmen, daß die studentische Selbstverwaltung alter Art aus einer Zeit stammte, da es keine studentische Beteiligung an den akademischen Organen gab. Da die Studenten nun ihre Vertreter in Fakultäten und Senate wählten, wäre es an der Zeit gewesen, die alte Form studentischer Beteiligung zu beseitigen oder den neuen Gegebenheiten anzupassen. Doch galt und gilt die obsolet gewordene Form studentischer Selbstverwaltung als Besitzstand, den man nicht antasten darf – und so gestattet das heutige Landeshochschulgesetz denn auch das politische Mandat ausdrücklich.

Soweit die Universität heute funktioniert, geschieht das nicht dank, sondern trotz den bestehenden Normen. Denen liegt als Modell zugrunde, was Parlamente und deren Ausschüsse prägt. Die Universität wird als ein politisches Organ verstanden, in dem parteiartige Gruppierungen um die Macht kämpfen. Daß akademische Organe Koordinationsaufgaben haben, daß deshalb zum Beispiel in einem Senat die Fakultäten, in einem Fakultätsrat die Fächer repräsentiert sein müssen, nimmt der Gesetzgeber – wie vieles andere – nicht zur Kenntnis. So müssen jedenfalls den Wahlen der Professoren Absprachen vorausgehen, wenn die Universität nicht in voneinander isolierte Teile zersprengt werden soll.

Merkwürdigerweise haben die Universitäten von den beiden großen Parteien gleich wenig zu erhoffen. Während der

Diskussionen um die politischen Verfassungen unmittelbar nach 1945 unterschieden sich die Parteien darin, daß die CDU Sinn für das besondere Gewicht von Corporationen hatte und an ein Zweikammersystem dachte, in dem nicht nur Parteien politisch wirksam werden sollten, während die SPD alle Gewalt den Parteien und den von ihnen beschickten Parlamenten geben wollte – ausgenommen übrigens Hinrich Kopf, den niedersächsischen SPD-Vorsitzenden und Ministerpräsidenten. Doch diese Zeiten sind längst verflossen. Beide großen Parteien kennen, wenn es ernst wird, nur Parteifunktionäre und wissen nicht, was eine Universität ist – oder auch eine Kirche. Nur unterscheiden sich die Kirchen von den Universitäten einstweilen dadurch, daß sie Wähler zu bewegen vermögen.

So reicht es für das Gedeihen der Universität nicht aus, die bestehenden Normen, wo immer es geht, zu ignorieren. Man muß gegen den ihnen innewohnenden Geist handeln. In der Nachkriegszeit bestand Einigkeit darüber, daß die Universität eine politische Erziehungsaufgabe habe. Die Studenten sollten nicht nur Wissenschaft lernen, sondern auch auf die Demokratie vorbereitet werden. Zu den Folgen jener Umformungen, die unter der Überschrift „Demokratisierung" ins Werk gesetzt wurden, gehört, daß die heutige Universität nicht der Ort ist, Vertrauen in die Mechanismen der Gesetzgebung und der Exekution der Gesetze zu gewinnen. Wenn gelegentlich die Georgia Augusta als das Flaggschiff der niedersächsischen Universitäten bezeichnet wird, ist man versucht, die Metapher fortzusetzen und den Gesetzgeber sowie die Regierung als eine Reederei von Küstenschiffen zu verstehen, der unversehends ein Hochseeschiff anheimgefallen ist und die sich nun daran macht, durch Verkleinerung des Schiffes und seiner Besatzung die Schiffe der Flotte etwa gleich groß werden zu lassen.

Doch ist die Metapher vom Flaggschiff angesichts der Resultate von drei Jahrzehnten erfolgloser deutscher und insbesondere niedersächsischer Hochschulpolitik überhaupt angebracht? Oder, ohne Metapher gefragt, welcher Rang kommt dem heutigen Göttingen zu?

Diese Frage zu beantworten, wurde in den letzten Jahren wiederholt versucht. Zeitschriften publizierten Ranglisten, und in denen lag Göttingen manchmal ganz vorn. In einem Falle, da die Antworten der Studierenden auf die Frage nach der gemütlichen Stimmung in der Universität eine große Rolle spielten, hatte Göttingen einen schlechten Platz.

Eine halbwegs eindeutige Antwort erhält man, wenn man nach den modernen Formen der kooperativen Forschung und des Studiums der Fortgeschrittenen fragt, also nach Sonderforschungsbereichen und Graduiertenkollegs, wenn man danach sieht, wer in den Entscheidungsorganen der Deutschen Forschungsgemeinschaft zu finden ist, wenn man sich einen Überblick über substantielle internationale Wissenschaftsbeziehungen verschafft, wenn man prüft, wer den Universitäten in der einstigen DDR seit 1990 half, tatsächlich wieder zu Universitäten zu werden. Fast immer hat man es da, was die niedersächsischen Hochschulen angeht, mit der Universität Göttingen zu tun, mit den technischen Fächern der Universitäten Braunschweig und Hannover und mit niemandem sonst.

Doch wird da von den Einkünften aus alten Kapitalien gezehrt. Im Jahr 1993 wurde gezählt und festgestellt, daß in Göttingen seit 1980 die Zahl der Professuren von 470 auf 420 gesunken sei, die der Nachwuchsstellen von nahezu 1000 auf 800. Die Mittel für Forschung und Lehre waren zur selben Zeit, bezieht man den Kaufkraftverlust ein, um die Hälfte reduziert worden. Dafür hatte sich die Zahl der Studenten verdoppelt. Erschwert wird die Situation offensichtlich dadurch, daß das Verhältnis zwischen Universität und Administration durch Fremdheit geprägt ist, wo nicht durch Mißachtung – gleichgültig, welche Partei oder Koalition gerade regiert. So war die Jubiläumsfeier von 1987 symptomatisch.

Damals wollte die Universität sich ihrer Eröffnung vor 250 Jahren erinnern, und zwar nicht auf den Tag genau, weil der 17. September ja in die vorlesungsfreie Zeit fällt, in der nicht alle Studenten am Universitätsort anwesend sind. Der für den Mai vorbereitete Festakt fand jedoch nicht statt, weil die Regierung die Einführung von Studiengebühren für Studierende höheren Semesters beschlossen hatte.

Daß dieser Beschluß töricht war, weil der mögliche Ertrag in keinem Verhältnis zu den Kosten seiner Erwirtschaftung gestanden hätte, war von vornherein klar. Am Ende sollte die neue Regelung nur 2000 von insgesamt 124.000 Studierenden in Niedersachsen betreffen. Und bald darauf wurde der Plan begraben. Doch hatte er seine Wirkung getan. Es wäre verwunderlich gewesen, wenn die politisch aktiven Studenten darauf nicht mit ihren Streik genannten Boykotts reagiert, Hörsäle abgeriegelt und alles das getan hätten, was in den letzten Jahren ein wenig außer Übung geraten war, sich aber, wenn es lohnte, ohne weiteres wiederholen ließ.

Diesmal lohnte es sich, denn eine der Bedingungen solcher studentischen Proteste, nämlich die Aufmerksamkeit der Medien, war ja, wenn diese Proteste mit dem Göttinger Fest verknüpft wurden, in bequemster Weise gegeben: 25.000 Demonstranten gegen eine Universität und ihre Gäste aus vielen Ländern, aus Politik und Kultur, mit dem Bundespräsidenten an der Spitze. Die Landesregierung sagte daraufhin nicht nur ihren Empfang für die Festgäste ab, sondern wies auch die Verantwortung für eventuelle Zwischenfälle von sich, so daß der Universität nichts blieb, als ihrerseits auf den festlichen Akt zu verzichten.

Versucht man den Vorgang zu verstehen, ohne daß man sichere Kenntnis davon hat, was sich in Hannover die für ihn Verantwortlichen gedacht haben mögen, so ist man versucht, von Perfidie zu sprechen, aber dafür war der Anteil der Unfähigkeit wohl zu groß. Doch fügt sich das Debakel in einen größeren Zusammenhang. Die Küstenschiff-Reederei, um die eben gebrauchte Metapher noch einmal zu benutzen, weiß mit ihrem Flaggschiff nicht nur nichts anzufangen, sondern sie will es auch nicht, sie versteht es nicht, mit den Offizieren oder gar mit der Besatzung zu reden, und so versucht sie, die Gelegenheit zu nutzen, es wenigstens ein Stück abzuwracken, den gewohnten Küstenschiffen anzugleichen und auf diese Weise der eigenen Einsicht zugänglicher zu machen.

Die Schäden dieser Politik treffen Göttingen gewiß in besonders hohem Maße, aber sie treffen doch nicht nur diese Universität. Allenthalben leiden die deutschen Hochschulen unter den für sie zuständigen Gesetzgebern und Administrationen, und das nicht erst heute. Ihre beste Zeit im Hinblick auf die Einwirkungen des Staates hatte die Göttinger Universität in den ersten Jahrzehnten nach ihrer Gründung und dann wohl im späteren 19. und frühen 20. Jahrhundert. Sowohl in der ersten wie in der zweiten Periode war die Autonomie eng begrenzt, aber die Verwaltung war sachkundig.

Sachkundig war die Verwaltung zunächst auch noch 1945, und damals erreichte die Universität den Höhepunkt ihrer Unabhängigkeit. Diese Unabhängigkeit ist infolge der Reformen der letzten 25 Jahre faktisch reduziert worden, weil die neuen Normen die universitären Willensbildungsprozesse erschweren, aber sie wurde dennoch nicht beseitigt. Bestehen blieb immerhin das Recht zur Selbstergänzung. Anders als zum Beispiel in Bayern hat die niedersächsische Regierung nur in streng begrenzten Ausnahmefällen die Möglichkeit, einen Professor zu berufen, den die zuständigen akademischen Organe nicht auf die Berufungsliste gesetzt haben. Auch Promotionen und Habilitationen sind eine Sache allein der Universität.

Berufungen und Qualifizierungen können aber nur vernünftig vorgenommen werden, wenn an der Universität selbstverantwortliches Handeln überhaupt möglich und üblich ist, und beides wird gefährdet, wenn die Universitätswirklichkeit auf der einen Seite durch Bürokratie und auf der anderen Seite durch den Rückzug in die Enge des eigenen Faches bestimmt wird, wenn sich in den akademischen Organen ein eigentümlicher Ton durchsetzt, in dem sich Reste professoralen Redens mit den Stilformen, wie sie in Betriebsräten üblich sind, mischen, und wenn das alles vom Gesetzgeber und von der Administration gefördert wird – gewollt oder auch ungewollt.

Nachbemerkung

Von den Absichten dieser Seiten ist im ersten Abschnitt die Rede. Sie wenden sich an die Angehörigen dieser Universität, die diese als das wahrnehmen wollen, was sie nach dem Willen des Gesetzgebers und des Ministeriums zwar nicht sein soll, aber angesichts ihrer Traditionen und ihrer noch vorhandenen Möglichkeiten sein kann: Keine Hochschule „im Sinne dieses Gesetzes", wie es im Niedersächsischen Hochschulgesetz heißt, das 21 Hochschulen über einen Leisten schlägt, von der Georg-August-Universität bis zur Fachhochschule Wilhelmshaven, sondern eine Universität, die sich den Hochschulen in Bologna, Paris, Oxford oder Berkely verschwistert weiß und deren Name in der Welt weitaus bekannter ist als der des Bundeslandes, in dem sie existiert.

So hat diese Skizze vor allem die Verfassungsgeschichte zum Gegenstand. Alles andere läßt sich auf wenigen Seiten bestenfalls andeuten. Insbesondere verbot es sich, zu einer Gelehrten- und Wissenschaftsgeschichte anzusetzen. Demzufolge bieten diese Seiten, wo nicht aus sachlichen Gründen einzelne Gelehrte zu nennen waren, wie im Zusammenhang der Ereignisse von 1837 oder von 1933, gewissermaßen eine „Geschichte ohne Namen". Der Jurist Rudolf von Ihering (1818–1892) wird ebensowenig erwähnt wie der Theologe Julius Wellhausen (1844–1918) und die vielen anderen, die den Ruhm der Georg-August-Universität ausmachen. Sie angemessen zu würdigen, hätte nicht nur sehr viel mehr Platz verlangt, sondern auch die Zusammenarbeit mit anderen Autoren. Eine Göttinger Gelehrtengeschichte aus einer Feder konnte schon 1937 nicht gelingen, und sie kann es heute noch weniger. Doch bieten die seit 1987 erscheinenden Göttinger Universitätsschriften gerade auf diesem Feld viele einschlägige Studien.

LITERATURHINWEISE

Über den größeren Kontext unterrichtet man sich am besten in einem internationalen Sammelwerk: Geschichte der Universität in Europa. Hg. v. WALTER RÜEGG. Band 1 erschien in deutscher Übersetzung 1993 in München, Band 2 1996. Lesenswert DERS., Humboldts Erbe. Die Hohen Schulen auf dem Weg ins 21. Jahrhundert. In: Universitäten in Deutschland. Hg. v. CHRISTIAN BODE u. a. München 1995.

Eine befriedigende Geschichte der Universität Göttingen gibt es nicht. Die letzte Darstellung verfaßte GÖTZ VON SELLE: Die Georg-August-Universität zu Göttingen 1737–1937. Göttingen 1937.

Das jüngste Universitätsjubiläum hat zu der Begründung einer universitätsgeschichtlichen Reihe geführt, den Göttinger Universitätsschriften. Hier finden sich zwei Bände, die zu einem Teil die nicht vorhandene moderne Universitätsgeschichte ersetzen: A 11, Stationen der Universitätsgeschichte. Hg. v. BERND MOELLER. Göttingen 1988 und A 16, Die Geschichte der Verfassung und der Fachbereiche der Georg-August-Universität zu Göttingen. Hg. v. HANS-GÜNTHER SCHLOTTER. Göttingen 1994. Siehe auch ERNST GUNDELACH, Die Verfassung der Göttinger Universität. Göttingen 1955.

Einen Überblick über den Lehrkörper gibt WILHELM EBEL, Catalogus professorum Gottingensium 1734–1962. Göttingen 1962, während die Namen der Studenten des ersten Göttinger Jahrhunderts in einer Matrikel-Edition zu finden sind: Die Matrikel der Georg-August-Universität zu Göttingen 1734–1837. Hg. v. GÖTZ VON SELLE. Hildesheim und Leipzig 1937. Einen Überblick über die Zahlen der Studierenden gibt DIETRICH VON MAERCKER, Die Zahlen der Studierenden an der Georg-August-Universität in Göttingen von 1734/1737 bis 1978. Göttinger Jahrbuch 27. 1979.

Die letzten Jahrzehnte der Göttinger Universitätsgeschichte werden von den – bisher – 64 Heften der vom Universitätsbund herausgegebenen Zeitschrift „Georgia Augusta“ begleitet. Hier finden sich zahlreiche aktuelle Beiträge namentlich zur Verfassungsdiskussion, die inzwischen Quellenwert haben, ferner universitäts- und wissenschaftsgeschichtliche Aufsätze. Ähnliches gilt für die „Göttinger Universitätsreden", und einen Spiegel dessen, was die Göttinger Universität wissenschaftlich leistet, hat man auch seit 1982 in den „Bursfelder Universitätsreden". Nicht selten finden sich Beiträge zur Göttinger Universitätsgeschichte auch im „Göttinger Jahrbuch", das in jedem Band überdies eine Chronik des abgelaufenen Jahres bietet, in der sich nicht nur stadt- sondern auch universitätsgeschichtliche Daten finden.

Das nicht immer einfache Verhältnis zwischen Universität und Stadt zeichnete 1953 der Göttinger Staatsrechtler RUDOLF SMEND in einem geistreichen Vortrag nach: „Die Göttinger Universität und ihre Umwelt." Ebenfalls die ganze Geschichte der Universität haben ein verfassungsgeschichtlicher und ein geistesgeschichtlicher Vortrag in den Blick genommen: NORBERT KAMP, Die Georgia Augusta und der Staat (Göttinger Universitätsreden 66). Göttingen 1980 sowie FRANZ WIEACKER, Die Georgia Augusta: Dauer im Wandel (Göttinger Universitätsreden 84). Göttingen 1988.

Die Geschichte der Universität insgesamt war Gegenstand einer Ausstellung und eines Kataloges: 250 Jahre Georg-August-Universität Göttingen. Ausstellung im Auditorium. Göttingen 1987.

Der Bericht über das Göttingen des späten 18. Jahrhunderts ist ediert von RICHARD FESTER: „Der Universitäts-Bereiser" Friedrich Gedike und sein Bericht an Friedrich Wilhelm II. 1. Ergänzungsheft des Archivs für Kulturgeschichte. Berlin 1905. Dem Bericht kommt eine gewisse Aktualität insofern zu, weil sich ja im Augenblick die Kultusverwaltungen anschicken, die Universitäten zu evaluieren. Was damals ein einziger geistreicher Beamter in wenigen Wochen erledigte, wird nun unter unverantwortlichem Kostenaufwand hunderten von Personen aufgetragen, wie man angesichts der ersten Welle, die Göttingen gerade eben überrollt hat, sehen kann.

Die in Göttingen vorhandenen Portraits verzeichnet KARL ARNDT, Katalog der Bildnisse im Besitz der Georg-August-Universität Göttingen. (Göttinger Universitätsschriften C 4). Göttingen 1994.

Über die bauliche Gestalt der Universität unterrichtet ALFRED OBERDIEK, Göttinger Universitätsbauten. Göttingen 1989.

Zur Gründung und frühen Geschichte der Universität: Die Privilegien und ältesten Statuten der Georg-August-Universität zu Göttingen. Hg. v. WILHELM EBEL. Göttingen 1961; EMIL F. RÖSSLER, Die

Gründung der Universität Göttingen. Göttingen 1855; 250 Jahre Vorlesungen an der Georgia Augusta 1734–1984 (Göttinger Universitätsreden 75). Göttingen 1985. Das Heft enthält eine komprimierte und reich dokumentierte Abhandlung von NORBERT KAMP (Die Georgia Augusta als Neugründung), während HERMANN WELLENREUTHER über „Göttingen und England im achtzehnten Jahrhundert" handelt und FRIEDRICH HUND über „Hollmann und die Anfänge der Physik in Göttingen".

In die frühe Sozialgeschichte der Universität führt STEFAN BRÜDERMANN, Göttinger Studenten und akademische Gerichtsbarkeit im 18. Jahrhundert (Göttinger Universitätsschriften A 15). Göttingen 1990, während LUIGI MARINO die Wissenschaftsgeschichte der frühen Göttinger Universität darstellt: Praeceptores Germaniae. Göttingen 1770–1820 (Göttinger Universitätsschriften A 10). Göttingen 1995.

Die Stadt zur Zeit der Universitätsgründung wird in einem Sammelband untersucht: Göttingen 1690–1755. Studien zur Sozialgeschichte einer Stadt. Hg. v. HERMANN WELLENREUTHER (Göttinger Universitätsschriften A 9). Göttingen 1988.

Stadt und Universität in den letzten Jahrzehnten des 18. Jahrhunderts werden vielfach in einem Ausstellungskatalog sichtbar: Georg Christoph Lichtenberg 1742–1799. Wagnis der Aufklärung. München/Wien 1992.

Zur Gründung der Berliner Universität RUDOLF SMEND, Die Berliner Friedrich-Wilhelms Universität (Göttinger Universitätsreden 31). Göttingen 1961 und HELMUT SCHELSKY, Einsamkeit und Freiheit. Idee und Gestalt der deutschen Universität und ihrer Reformen. Reinbek 1963.

Der Ereignisse von 1837 ist 150 Jahre später vielfach gedacht worden. Als Heft 85 der Göttinger Universitätsreden erschien: Die Göttinger Sieben. Ansprachen und Reden anläßlich der 150. Wiederkehr ihrer Protestation. Göttingen 1988. Als Heft 74 erschien eine Edition von Jacob Grimms Protestschrift: Jacob Grimm über seine Entlassung. Göttingen 1985.

Zu den Folgen der nationalsozialistischen „Machtergreifung" für die Göttinger Universität und zu den folgenden Jahren: ALBRECHT SCHÖNE Göttinger Bücherverbrennung 1933 (Göttinger Universitätsreden 70). Göttingen 1983; NORBERT KAMP, Das Göttinger Jubiläum von 1937: Glanz und Elend einer Universität (Göttinger Universitätsreden 81). Göttingen 1987; Die Universität Göttingen unter dem Nationalsozialismus. Das verdrängte Kapitel ihrer 250jährigen Geschichte. Hg. v. HEINRICH BECKER u. a. München usw. 1987. Das Wort „Verdrängung" trifft die gemeinte Sache freilich nicht ganz.

Die Zitate aus dem Hochschulführer sind entnommen dem: Göttinger Hochschulführer für das Sommersemester 1934. Verantwortlich HEINZ WOLFF/KURT DITTMANN. Göttingen 1934. Zum Schicksal 1933 verdrängter Mitglieder der Universität: James Franck und Max Born in Göttingen. Reden zur akademischen Gedenkfeier am 10.11.1982 (Göttinger Universitätsreden 69). Göttingen 1983 sowie Cordula Tollmien: „Sind wir doch der Meinung, daß ein weiblicher Kopf nur ganz ausnahmsweise in der Mathematik schöpferisch tätig sein kann ...". Emmy Noether 1882–1935. Göttinger Jahrbuch 38. 1990.

Zur Situation des Jahres 1945: Der Neubeginn der Georgia Augusta zum Wintersemester 1945–46 mit Vorträgen von HERMANN HEIMPEL, NORBERT KAMP und WALTER KERTZ (Göttinger Universitätsreden 77). Göttingen 1986; JÜRGEN GIDION: Stunde Null? Zur Kulturgeschichte der Nachkriegszeit in Göttingen. Georgia Augusta. November 1995. Hier auch der Bericht über Axel von dem Bussche. Ein ungewöhnliches Dokument edierte HERMANN HEIMPEL: „Zur Lage". Eine Vorlesung des Professors der Englischen Philologie, HERBERT SCHÖFFLER, gehalten im Oktober 1945. In: Geschichtswissenschaft in Göttingen. Hg. v. HARTMUT BOOCKMANN u. HERMANN WELLENREUTHER (Göttinger Universitätsschriften A 2). Göttingen 1987.

Zu 1955: HEINZ-GEORG MARTEN, Der niedersächsische Ministersturz (Göttinger Universitätsschriften A 5). Göttingen 1987.

Ein Dokument aus den Diskussionen um die Reform der Universitätsverfassung stellen die von PETER BADURA und anderen Professoren verfaßten Thesen: Universitätsreform – Alternativen der Vernunft. Göttingen 1971 dar. Aus der späteren Sicht hat man hier eine Art von Utopie oder, anders gesagt, eine Negativ-Form zu Geist und Inhalt der späteren Universitätsgesetze. Eine hellsichtige – und gleichfalls vergebliche – hochschulpolitische Diagnose gab auch der damalige Rektor, RUDOLF VON THADDEN: Institution und politisches Handeln (Göttinger Universitätsreden 58). Göttingen 1976.

Abbildungsnachweis

Seiten 19, 26, 27, 30, 33, 35, 41, 44, 51, 59, 74, 75: Bernhard Boockmann, Mannheim.
Seite 31: Dr. Eberhard Ruprecht, Seesen.
Seite 47: Helmut Scheiter, Göttingen.
Seiten 45 und 53: Universitätsarchiv.
Umschlagabbildung: Bernhard Boockmann, Mannheim.

Linda Chapman

Stardust
Wolkenpferde

Im Nebelkreis

Aus dem Englischen von Julia Walther

Illustrationen von Kirsten Straßmann

KOSMOS

Umschlaggestaltung von Atelier Reichert, Stuttgart, unter Verwendung einer Illustration von Carolin Ina Schröter, Berlin.

Innenillustrationen von Kirsten Straßmann, Recklinghausen.
Aus dem Englischen übersetzt von Julia Walther.

Titel der englischen Originalausgabe:
Stardust – Cloudhorses: The Dark Gateway

„Im Nebelkreis" ist der 3. Band der Reihe „Stardust – Wolkenpferde".
Weitere Titel von „Stardust" siehe auch S. 129

Gedruckt auf chlorfrei gebleichtem Papier

ISBN 978-3-440-11270-0
Redaktion: Ina Brandt
Satz: DOPPELPUNKT, Stuttgart
Produktion: DOPPELPUNKT, Stuttgart
Printed in the Czech Republic / Imprimé en République tchèque

Die Prophezeiung

Wenn die Dunkle zurückkehrt,
wird sich das Tor ein weiteres Mal öffnen
und alle auf Erden in Schrecken versetzen.
Ist das Band jedoch zerrissen, werden sie
wieder behütet sein.
Doch sobald einer sich gefügig zeigt, wird
die Macht des Dunklen wachsen,
bis das erste Portal durch Magie zerbricht
und der Gefangene frei ist zu gehen.

Zwei Pforten halten Licht und Dunkelheit
im Gleichgewicht,
eine verloren in der Erinnerung, eine verloren
im Meer.
Die dunkle Tür wartet auf die Hand, die
sie schuf,

die andere liegt nahe des flüsternden Baumes,
zwar tief unter Tage, so wird sie doch
vom Mondlicht erhellt.
Und wenn sie gefunden wird, können zwei
frei sein.

Doch Gefahr lauert im neuen Portal!
Fürchte dich vor dem dunklen Pferd, das in
den Himmel springt.
Mit Pfeilen des Feuers und in Richtung
der grauen Feder
müssen zwei helfen, oder alle Hoffnung stirbt.
Wenn die dunkle Macht nicht besiegt wird,
wird nie wieder ein Wolkenhengst
im Himmel sein.

Die Augen der Dunklen

Es war Mitternacht. Der Wind rauschte in den Bäumen des großen Hauses hoch oben auf den Klippen. Dürre Zweige schlugen gegen die Fenster des Studierzimmers – als würden knochige Finger am Glas kratzen. Kea, eine Frau mit langen braunen Haaren und Pferdeschwanz, saß drinnen am Schreibtisch. Sie beachtete den Wind nicht, sondern schaute gedankenverloren den grauen Stein in ihrer Hand an. Er hatte ein einzelnes rundes Loch in der Mitte.

„Zwei Pforten“, murmelte sie. „Unter Tage.“

Sie fuhr mit der Hand über den Stein. Die Luft im Zimmer schien leicht zu erzittern. Kea beugte sich vor und sah, wie sich in der Mitte des Steins ein Bild formte. Das Bild wurde größer: steile Klippen, auf denen oben Bäume wuchsen. Einige Grasbüschel klammerten sich an die nackte Erde. Die scharf gezackten Felsen unten am Meer waren von nassem Tang bedeckt. Dazwischen glitzerten kleine Tümpel.

Da tauchte ein zierliches junges Mädchen in dem Bild im Stein auf und kletterte die Böschung hinunter. Sie trug einen langen dunkelblauen Rock, einen Umhang und altmodische Stiefel. Der Wind wehte ihr die Haare ins Gesicht. Auf einem Felsvorsprung blieb sie stehen.

„Die Pforte, die in der Erinnerung verloren ist“, flüsterte Kea. „Oh ja, an den Weg dorthin erinnere ich mich gut.“

Ein zweites Mädchen erschien. Keas Augen wurden zu schmalen Schlitzen. Dieses Mädchen hatte lange braune Haare, braune Augen und ein herzförmiges Gesicht. Sie schien etwa ein Jahr älter zu sein und wirkte sehr entschlossen. Als sie das andere Mädchen erreicht hatte, redete sie aufgebracht auf sie ein. Doch das Mädchen lachte bloß, warf die Haare zurück und verschwand unter dem Felsvorsprung.

Keas Lippen umspielte ein höhnisches Lächeln. „Ja, es ist gut versteckt. Aber das war damals, ich interessiere mich für das Hier und Jetzt." Sie schloss die Finger über dem Loch im Stein. Sofort verschwand das Bild. „Zeig mir Thor, den Wolkenhengst", flüsterte sie.

Sie öffnete die Hand wieder. Ein neues Bild erschien: Ein schneeweißer Hengst und ein graues Fohlen standen neben zwei Mädchen auf einer Waldlichtung. Der Mond schien am Himmel. Das Fohlen hatte eine flauschige Mähne und wirkte ziemlich frech. Mähne und Schweif des Hengstes reichten bis auf den Boden. Seine dunklen Augen blickten weise. Beide Pferde umgab eine Art unwirklicher Schimmer: Die Umrisse ihrer Körper schienen verschwommen, so als würde ein feiner Nebel sie umhüllen.

Eines der Mädchen hatte dunkelbraune Locken und sonnengebräunte Haut. Kea schenkte ihr jedoch kaum Beachtung. Ihre Aufmerksamkeit war auf das andere Mädchen gerichtet. In der Hand hielt sie einen Stein mit einem Loch in der Mitte.

„Ach, Luna. Du glaubst, du kannst mich aufhalten, genau wie sie …“ Als Kea diese Worte aussprach, hielt das Mädchen plötzlich mitten im Satz inne und sah sich unsicher um. Ihre Finger schlossen sich fester um den Stein in ihrer Hand, und Keas Bild verschwand.

„Aber dieses Mal nicht“, zischte Kea. „Dieses Mal wird mich nichts aufhalten …“

1

Luna sah sich misstrauisch auf der Lichtung um.

Thor, der magische Wolkenhengst neben ihr, stupste sie sanft mit dem Maul an. „Was ist?“

„Ich weiß auch nicht.“ Lunas Finger umklammerten den Stein in ihrer Hand. „Ich hatte nur kurz das Gefühl, jemand würde uns beobachten.“

„Womöglich Kea?“, fragte Erin erschrocken.

Luna nickte, aber ihre Gänsehaut war wieder verschwunden. „Jetzt ist es weg.“

„Es ist möglich, dass Kea die Grenze des Schutzsteines einige Sekunden lang durchbrechen konnte“, sagte Thor.

Luna fröstelte. Kea war eine dunkle Sternenstaub-Elfe. Vor einem Monat hatte sich Lunas Leben komplett verändert: Da hatte sie nämlich herausgefunden, dass es Zauberei tatsächlich gab. Außerdem hatte sie von einer Herde Wolkenpferde erfahren, die am Himmel lebten. Solange die Pferde ruhig waren, herrschte schönes Wetter. Wenn sie aber unruhig wurden, gab es Regen und Stürme. Und da fing die Magie erst an! Luna hatte entdeckt, dass sie selbst eine Sternenstaub-Elfe war. Sternenstaub-Elfen waren ganz besondere Menschen, die nachts fliegen und zaubern konnten. Sie benutzten ihre Zauberkräfte dazu, die Natur zu schützen und sich um Pflanzen und Tiere zu kümmern. Dunkle Elfen wie Kea jedoch missbrauchten ihre Macht für ihre eigenen Zwecke.

Nun fegte ein Windstoß durch die Bäume um die Lichtung. Dunkle Wolken schoben sich vor die Sterne, und die ersten Regentropfen fielen.

Mistral, das Hengstfohlen, scharrte unruhig mit dem Huf im Gras. „Der Sturm kommt, Vater."

Thor nickte. „Wir müssen beginnen. Wir müssen den Sturm aufhalten, bevor er richtig losgeht. Bist du bereit, Luna?"

„Ja", antwortete diese rasch.

Genau wie die dunkle Elfe Kea gehörte Luna zu

einer speziellen Sorte von Sternenstaub-Elfen, die man Wetterzauberer nannte. Wetterzauberer konnten mithilfe von Zaubersteinen – Steine mit einem Loch in der Mitte – bestimmte Zauber ausführen. Zum Beispiel konnten sie Kontakt zu den Wolkenpferden am Himmel aufnehmen.

Thor berührte Lunas Schulter. Ein wohlig-warmes Gefühl durchströmte sie. Er trat einen Schritt nach vorn in den Kreis aus Zaubersteinen. Auch Luna stellte sich in den Kreis. Dann nahm sie einen weiteren Zauberstein aus der Tasche und strich mit den Fingerspitzen darüber. Der Wind blies jetzt schon kräftiger.

„Viel Glück!“, rief Erin. Luna lächelte kurz und drehte sich dann zu Thor.

„Ich bin bereit.“

Sie erinnerte sich noch gut daran, wie nervös sie vor zwei Wochen gewesen war. Da hatte sie nämlich das erste Mal versucht, diese Art von Wetterzauber mit Thor zu vollbringen. So langsam gewöhnte sie sich daran. Der Stein schien in ihrer Hand zu kribbeln.

Luna kannte das Gefühl: die Kraft der Magie!

Thor schnaubte leise. Luna starrte auf das Loch in der Mitte des Steins. Das Bild vor ihren Augen wurde außen herum dunkel und unscharf. „Wolkenpferde, kommt zu mir“, murmelte sie.

Der beeindruckende Wolkenhengst vor ihr schien ebenfalls zu verschwimmen. Sein Körper löste sich auf, bis er nur noch aus silbernem Nebel bestand. Dieser Nebel wirbelte herum und bildete dann eine neue Form: Thor erschien wieder, diesmal ungefähr so groß wie ein Spielzeugpferd. Er war fast durchsichtig, und seine Mähne und sein Schweif glitzerten wie Schneekristalle. Ringsherum, am Rand des Steinkreises, tauchten weitere Wolkenpferde in derselben Größe auf. Sie galoppierten wild durcheinander. Luna wusste, dass genau dasselbe gleichzeitig oben im Himmel stattfand. Durch Lunas Zauberkräfte konnte Thor vor den Pferden am Himmel erscheinen und sich unter seine Herde mischen, obwohl er eigentlich hier unten auf der Erde war.

Eine wunderschöne weiße Stute mit wallender Mähne kam herbeigaloppiert und berührte Thor mit ihrem weichen Maul. Sternentanz, dachte Luna, Thors Leitstute. Luna konnte die einzelnen Wolkenpferde inzwischen auseinanderhalten und wusste, wie sehr sich Thor und Sternentanz mochten. Dann trabte der Wolkenhengst in die Mitte des Kreises. Der Rest der Herde folgte ihm.

„Hinter dir“, murmelte Luna ihm zu.

Thor wandte den Kopf. Drei junge Hengste waren zurückgeblieben. Thor wieherte ihnen zu.

„Flint, Mondstein und Blitz!“ Widerstrebend gesellten sich die drei zu den anderen Pferden.

Thor umrundete alle ein Mal im leichten Galopp und verlangsamte schließlich sein Tempo bis zum Schritt. Gehorsam folgten ihm die Wolkenpferde bis an den Rand des Steinkreises. Dort blieb er stehen, doch die anderen Pferde gingen weiter und verschwanden.

Luna wusste, wenn sie jetzt nach oben sah, konnte sie beobachten, wie die Wolken am Horizont verschwanden. Erleichtert spürte sie, dass der Wind nachließ.

Thor wieherte, und Lunas Finger schoben sich über das Loch im Stein.

Vor ihren Augen wurde es dunkel. Als sie wieder sehen konnte, musste sie erst einmal blinzeln. Thor stand wieder in seiner normalen Größe und Form vor ihr.

„Ihr habt den Sturm vertrieben!“, rief Erin.

Thor stupste Luna an. „Das hast du gut gemacht. Deine Zauberkräfte werden von Tag zu Tag stärker.“

Luna strahlte vor Stolz.

Mistral sah hinauf in den Himmel. „Wie lange wird es ruhig bleiben, Vater?“

„Vielleicht einen Tag“, erwiderte Thor. „Je länger ich weg bin, umso mehr wächst die Unruhe in der Herde. Ich muss das Portal finden, um in die Wolken zurückzukehren.“

Es gab Pforten zwischen der Wolkenwelt und der Welt der Menschen. Normalerweise wurden sie weder von Pferden noch von Menschen benutzt. Doch Kea hatte es darauf abgesehen, die vollkommene Kontrolle über das Wetter des Küstenstreifens zu bekommen. Damit hätte sie nämlich sehr viel Macht. Im Gegensatz zu normalen Wetterzauberern, die mit den Wolkenpferden zusammenarbeiteten, wollte Kea sie beherrschen. Mithilfe eines Wolkenpferdes königlicher Abstammung konnte man das Wetter von der Erde aus kontrollieren. Deshalb hatte Kea Thor mit einem Bindezauber gefangen, ihn auf die Erde gebracht und versucht, ihm ihren Willen aufzuzwingen. Luna hatte ihn jedoch befreien können. Doch bevor Thor in den Himmel zurückkehren konnte, war es Kea gelungen, seinen Sohn Mistral mit einem Fängerstein festzuhalten. Statt Thor sollte nun er ihr helfen, das Wetter zu beherrschen.

Luna konnte den Fängerstein zwar zerbrechen, aber während des Kampfes mit Kea war der riesige Zauberfelsen, das Portal zwischen beiden Welten, zerstört worden. Und jetzt versuchten Luna und Erin, ein anderes Portal zu finden, damit Mistral und Thor nach Hause zurückkehren konnten. Ohne einen Anführer wurde die Herde der Wolkenpferde nämlich unruhig, jeden Tag drohten neue Unwetter.

„Wenn wir doch nur wüssten, wo sich das verborgene Portal befindet", seufzte Luna. Vor zwei Wochen hatten sie und Erin eine Prophezeiung gefunden, in der es hieß, dass es irgendwo ein zweites, verstecktes Portal gab.

„Ich wünschte nur, die Prophezeiung würde uns ein paar mehr Anhaltspunkte geben", stimmte Erin ihr zu.

Luna kannte den Text auswendig, so oft hatte

sie ihn inzwischen schon gelesen. Sie leierte die zweite Strophe herunter:

Zwei Pforten halten Licht und Dunkelheit
im Gleichgewicht,
eine verloren in der Erinnerung, eine verloren
im Meer.
Die dunkle Tür wartet auf die Hand, die
sie schuf,
die andere liegt nahe des flüsternden Baumes,
zwar tief unter Tage, so wird sie doch
vom Mondlicht erhellt.
Und wenn sie gefunden wird, können zwei
frei sein.

„Wir wissen also, dass das Portal sich in der Nähe eines flüsternden Baumes befindet“, sagte sie. „Aber was genau ist ein Flüsterbaum?“

„Vielleicht ist es eine Art Zauberbaum“, überlegte Erin. „Ein Baum, der sprechen kann?“

„Können wir morgen bei der Suche mithelfen, Vater?“, fragte Mistral.

Thor schüttelte den Kopf „Es ist sicherer für uns, hier im Versteck zu bleiben. Wir können uns ja nicht tarnen wie Luna und Erin. Kea könnte uns entdecken, und das würde uns alle in Gefahr bringen.“

Luna sah sich um. Der Himmel im Osten wurde heller. „Wir sollten uns jetzt auf den Heimweg machen“, sagte sie zu Erin. „Morgen versuchen wir dann, die Pforte zu finden.“

„Ja. Geht und ruht euch aus. Das war gute Arbeit heute Nacht“, erwiderte Thor.

Luna streichelte seinen Hals, bevor sie und Erin davonflogen.

Auf dem Weg zu Erins Haus kam Luna plötzlich ein Gedanke: „Glaubst du, Kea wird auch versuchen, das Portal zu finden?“

„Vielleicht." Erin runzelte die Stirn. „Es ist schon seltsam, dass wir sie gar nicht gesehen haben, seit du Mistral befreit hast. Das ist jetzt bald zwei Wochen her. Ich hätte erwartet, dass sie versucht, ihn oder Thor wieder an sich zu binden, oder sich einen anderen Weg ausdenkt, um das Wetter zu kontrollieren. Ich kann mir nicht vorstellen, dass sie einfach so aufgibt."

„Ich auch nicht." Luna erinnerte sich wieder daran, dass sie das Gefühl hatte, beobachtet zu werden. Das war ihr die letzten Tage bereits ein paar Mal so gegangen. „Im Gegenteil, ich bin mir sogar ziemlich sicher, dass sie uns im Auge behält."

„Und nur auf den richtigen Moment wartet", meinte Erin bedrückt.

Kurz schwiegen beide.

Luna seufzte. „Wäre es nicht schön, Kea einfach vergessen zu können und stattdessen Zeit für normale Sternenstaub-Zauber zu haben?", fragte sie.

Es gab vier Arten von Sternenstaub-Elfen:

Sommer-, Herbst-, Winter- und Frühlingselfen. Jede besaß besondere Zauberkräfte. Erin war eine Sommerelfe, deshalb konnte sie Feuer entzünden. Und Luna war wie alle Wetterzauberer eine Winterelfe. Sie konnte es regnen, hageln oder schneien lassen.

„Sobald Thor und Mistral wieder sicher in die Wolkenwelt zurückgekehrt sind, werden wir dafür mehr als genug Zeit haben." Erin grinste. „Und wir können ja bei der Suche nach dem Portal trotzdem ein bisschen Spaß haben." Sie stupste ihre Freundin in die Seite. „Komm, wir fliegen um die Wette! Wer zuerst bei mir zu Hause ist!" Sie schoss davon.

Luna lachte. Schnell schob sie alle Gedanken an Kea zur Seite und nahm die Verfolgung auf.

2

„Aufwachen!“

Luna hörte eine Stimme und spürte, wie etwas sie an der Nase kitzelte.

„Halli-hallo. Aufwachen!“

Luna schlug die Augen auf. Erin beugte sich über sie und strich ihr mit dem Schweif eines Stoffpferdes über die Nase. Luna kicherte. „Hör auf!“ Sie schob Erins Hand zur Seite.

„Ich dachte schon, du würdest gar nicht mehr aufwachen“, beschwerte sich Erin. „Ich bin bereits seit Ewigkeiten wach.“

Nachdem sie nachts bei Erin angekommen waren, hatte Luna nicht einschlafen können. Sie hatte im Bett gelegen und an Thor und Kea denken müssen, an dieses Portal, wie sie es finden konnten und was Kea wohl ausheckte. Als Sternenstaub-Elfe war man dank seiner Zauberkräfte normalerweise nie müde, egal was man nachts alles anstellte. Heute Morgen jedoch fühlte sich Lunas Kopf ziemlich schwer an, und ihre Augen brannten. Gähnend ließ sie sich zurück in die Kissen sinken.

„Oh nein! Du schläfst jetzt nicht wieder ein!“ Erin schnappte sich Lunas Bettdecke. „Sonst kommen wir heute Morgen noch zu spät in den Stall.“

Natürlich! Es war ja Samstag. Der Gedanke an die Pferde wirkte wie ein Zaubermittel auf Luna. Sie sprang aus dem Bett und fing an, ihren Rucksack auf der Suche nach ihren Reithosen zu durchwühlen.

Beim Anziehen unterhielten sich die Mädchen über die Ponys im Stall und den Ausritt an den Strand, der für diesen Morgen geplant war.

Die beiden gingen zwar nicht in dieselbe Schule, aber zum selben Reitstall. Luna hatte Erin dorthin mitgenommen, nachdem sie hergezogen war. So konnten sie die Wochenenden, Schulferien und manchmal auch die Nachmittage nach der Schule miteinander verbringen.

Erins Eltern saßen in der Küche, tranken Kaffee und lasen Zeitung.

„Guten Morgen, ihr beiden“, sagte Erins Vater, als die Mädchen die Küche betraten.

Luna hatte sich immer noch nicht daran gewöhnt, wie friedlich es bei Erin zuging. Luna hatte drei ältere Stiefbrüder, die ständig für Lärm im Haus sorgten.

„Und, was für Pläne stehen an im Reitstall?“, erkundigte sich Erins Mutter.

„Wir machen einen Ausritt an den Strand!“ Luna war normalerweise ziemlich schüchtern, aber Nicky, Erins Mutter, mochte sie wirklich gern.

„Na, dann lass mich mal raten. Du hoffst sicher, dass du Kestrel reiten darfst“, meinte Nicky.

Luna nickte grinsend. Kestrel war ein neues Pony im Stall, aber er war bereits ihr Liebling. Er war ein Grauschimmel und zur Hälfte Araber. Deshalb konnte er auch ganz schön lebhaft sein. Eine Zeit lang hatte Luna fast Angst davor gehabt, ihn zu reiten, aber das war längst vorbei. Manchmal tat sie in Gedanken sogar so, als würde Kestrel ihr gehören. Davon hatte sie noch nicht mal Erin erzählt.

„Ich wette, du darfst“, sagte Erin. „Du darfst ihn ja fast immer reiten. Beinahe so, als wäre er dein Pony.“ Sie seufzte und sah ihren Vater an. „Ich brauche so dringend ein eigenes Pferd!“

Ihr Vater hob die Augenbrauen. „Du *brauchst* also ein Pferd?“

„Ja! Ihr könntet mir doch eines zum Geburtstag schenken.“ Erin ergriff seinen Arm. „Bitte, bitte, *bitte*!“

Ihr Vater hielt sie fest und kitzelte sie. Quietschend sprang Erin auf.

Luna lächelte. Auch sie wünschte sich von ihren

Eltern immer wieder ein Pony. Aber sie wusste, dass ihre Chancen gleich null standen. Wenigstens durfte sie Kestrel reiten und versorgen – und all die anderen Ponys. Sie war wirklich froh, dass sie auf dem Hof mithelfen durften. So konnten sie viel Zeit bei den Ponys verbringen.

„Na, jetzt frühstückt mal was, ihr zwei“, sagte Nicky. „Und dann machen wir uns auf den Weg. Sonst verpasst ihr womöglich noch euren Strandritt!“

Sobald sie beim Stall ankamen, gingen sie sofort in Jackies Büro, um zu schauen, welche Pferde sie ihnen zugeteilt hatte. Lunas Herz machte einen Freudensprung: Sie durfte Kestrel reiten!

„Prima!“, freute sich Erin. „Ich kriege Misty.“

In diesem Moment kamen Fran und Katie herein. Sie gingen in dieselbe Schule wie Luna und waren früher mit ihr befreundet gewesen. Seit sie jedoch herausgefunden hatten, dass Luna im September auf eine andere weiterführende Schule gehen würde, waren sie richtig gemein zu ihr.

Katie studierte die Tafel. „Wir haben Pippin und Tango."

Fran schnaubte. „Wer Kestrel kriegt, brauch ich ja wohl nicht zu fragen, was?" Sie stützte die Hände in die Hüften. „Dauernd darfst du ihn reiten, Luna. Es sieht ganz so aus, als ob du Jackies Liebling wärst."

Da ging die Tür auf und Jackie kam herein. „Hallo, Mädels", grüßte sie fröhlich. „Habt ihr alle gesehen, wen ihr reiten werdet?"

Sie nickten. Frans Gesichtsausdruck hatte sich schlagartig geändert. Sie sah aus, als könne sie keiner Fliege was zuleide tun. Vor den Erwachsenen konnte sie sich immer gut verstellen.

„Na, dann holt sie mal von der Weide." Jackie sah auf die Uhr. „Wir starten um elf."

Die vier Mädchen verließen das Büro. Kestrel war auf einer anderen Koppel als die restlichen Ponys. Als Luna ans Gatter kam, rief sie seinen Namen. Er hob den Kopf und wieherte. Luna tastete in ihrer Tasche nach einem Leckerli. „Komm her, mein Kleiner!"

Kestrel kam über die Wiese auf sie zugetrabt. Er hatte eine lange Mähne und riesige dunkle Augen. Als er sie erreicht hatte, schnappte er sich genüsslich den Leckerbissen, während Luna den Führstrick an seinem Halfter einhakte. Sie fuhr ihm liebevoll durch die Mähne. Dann brachte sie ihn zurück auf den Hof und band ihn neben Misty fest. Als Nächstes machten sich Erin und Luna daran, die Schlamm- und Grasflecken aus dem Fell der beiden Ponys zu bürsten.

Als Luna gerade Kestrels Rücken striegelte, drehte er den Kopf nach hinten und legte sein Maul auf ihre Schulter.

Jackie kam über den Hof zu ihnen. „Er scheint dich wirklich zu mögen, Luna. Ich mache mir ein bisschen Sorgen, dass er sich nicht richtig eingewöhnt. Er hat abgenommen, seit er zu uns gekommen ist, und er wirkt immer noch sehr unruhig.“ Sie streichelte liebevoll Kestrels Kopf. „Mir ist außerdem aufgefallen, dass du in den letzten Wochen öfter nach der Schule noch hergekommen bist, Luna.“

„Nun ja, jetzt, wo die Prüfungen vorbei sind, hat mein Vater nichts dagegen, wenn ich mehr Zeit hier verbringe“, erklärte Luna.

„Könntest du dir denn vorstellen, ein bisschen mehr Verantwortung für Kestrel zu übernehmen?“, fragte Jackie. „Nur für eine Weile, damit er sich besser einleben kann. Möglicherweise hilft es ihm, wenn sich eine einzelne Person regelmäßig um ihn kümmert.“

Luna sah sie aus großen Augen an. Ihr blieb fast die Spucke weg. „Oh, ja!“

Jackie lächelte. „Gut. Dann werde ich mit deinen Eltern abklären, ob sie damit einverstanden sind. Aber ich bin sicher, dass es Kestrel guttun wird.“ Sie seufzte. „Wenn er nicht bald ruhiger wird, muss ich mir überlegen, ob er wirklich zum Reitschulpony taugt.“

„Ich werde ihm helfen“, versprach Luna rasch.

„Das ist wunderbar", erwiderte Jackie und ging lächelnd davon.

Sofort drehte sich Luna zu Erin um. „Wow!", staunte sie. „Ist das zu fassen? Ich darf mich um Kestrel kümmern! Das ist ja fast so, als wäre er mein eigenes Pony. Das ist absolut …" Sie brach ab, als sie Erins Gesicht sah.

„Ja. Das wird bestimmt toll für dich!", erwiderte ihre Freundin knapp und lief Richtung Weide.

Luna sah ihr erschrocken nach. Sie hatte mal wieder überhaupt nicht nachgedacht. Wie würde es ihr denn gehen, wenn Jackie Erin gefragt hätte, ob sie sich um eines der Ponys kümmern wollte? Sie wäre unglaublich neidisch gewesen!

Schnell warf sie den Striegel weg und rannte hinter Erin her. Am Weidentor holte sie sie ein. Erin hatte ihr den Rücken zugewandt und die Schultern hochgezogen. „Erin! Es tut mir so leid!" Luna suchte nach Worten. „Ich … ich …" Sie wusste nicht, was sie sagen sollte.

Erin zögerte einen Moment, dann drehte sie sich um. „Ist schon in Ordnung", meinte sie. „Ich

hätte auch nicht gleich so schnippisch sein müssen zu dir. Vermutlich war ich einfach ein bisschen neidisch."

„Das wäre ich an deiner Stelle auch", gab Luna zu.

„Das ist fast so, als hättest du jetzt ein eigenes Pony." Erin holte tief Luft. „Das ist doch toll."

„Ja, das ist es", bestätigte Luna. Sie schwiegen beide einen kurzen Moment. „Dann sind wir immer noch Freundinnen?", fragte Luna vorsichtig.

Erin grinste und war damit plötzlich wieder ganz die Alte. „Beste Freundinnen! Ich werde jeden Tag mit dir in den Stall kommen, wenn meine

Eltern mich lassen. Dann kann ich mich um die anderen Ponys kümmern, während du Kestrel versorgst."

„Super!", rief Luna begeistert.

„Worauf warten wir noch?" Erin hakte sich bei ihr ein. „Lass uns unsere Schätzchen mal fertig putzen."

Eine halbe Stunde später galoppierten sie am Strand entlang. Jackie auf ihrem braunen Waliser führte die Gruppe an. In der Ferne türmten sich einige Wolken auf, aber noch schien die Sonne. Als Kestrels und Mistys Hufe so über den feuchten Sand trommelten, sah Luna zu Erin hinüber. Sie hatte das Gefühl, vor Glück fast zu platzen. Sie durfte sich um Kestrel kümmern, und sie hatte die beste Freundin der Welt.

Jetzt müssen wir nur noch das Portal finden, damit Thor und Mistral in den Himmel zurückkehren können, dachte Luna. Dann wäre wirklich alles perfekt. Doch am Himmel erschienen immer mehr Wolken.

3

Nach dem Abendessen ging Luna hinauf in ihr Zimmer. Unten war das Dröhnen eines Autorennens zu hören. Der Rest der Familie saß im Wohnzimmer gebannt vor dem Fernseher. Luna konnte nicht verstehen, was daran so spannend war, dass Autos mit einem riesigen Lärm ständig im Kreis herumjagten. In ihrem Zimmer öffnete sie die große Holzkiste ihrer Mutter, die auf dem Fensterbrett stand. Sie nahm einen Zauberstein mit einem einzelnen Loch in der Mitte heraus und setzte sich damit aufs Bett.

Ein Seherstein, dachte sie und strich über die glatte, helle Oberfläche.

Es gab nämlich unterschiedliche Arten von Zaubersteinen: Sehersteine hatten in der Mitte ein einzelnes Loch. Mit ihrer Hilfe konnte man Bilder von Menschen und Orten heraufbeschwören.

Das waren sogenannte Visionen. Man konnte die Steine außerdem dazu verwenden, mit Leuten oder Wolkenpferden ganz weit weg in Verbindung zu treten.

Steine mit zwei Löchern hießen Schutzsteine. Sie konnten denjenigen, der sie bei sich trug, vor Verletzungen oder neugierigen Späheraugen schützen. Es gab auch noch Heiler- und Fängersteine, doch wie man diese verwendete, hatte Luna noch nicht gelernt.

Wenn Mama noch leben würde, hätte sie es mir beigebracht, dachte sie. Ihre leibliche Mutter war vor sieben Jahren bei einem Autounfall gestorben. Luna hatte herausgefunden, dass Wetterzauberei immer von der Mutter an die Tochter vererbt wurde. Ihre Mutter musste also auch eine Wetterzauberin gewesen sein.

Luna blickte auf den Zauberstein in ihrer Hand. Ob ihre Mutter wohl die verborgene Pforte gekannt hatte? „Verloren in der Erinnerung. Verloren im Meer“, flüsterte sie. „Tief unter Tage. Vom Mondlicht erhellt. Nahe des flüsternden Baumes.“ Sie runzelte die Stirn. Wie konnte etwas unter der Erde liegen, gleichzeitig vom Mond beschienen *und* in der Nähe eines Baumes sein? Das ergab keinen Sinn. „Was ist ein flüsternder Baum?“, murmelte sie vor sich hin. Ihre Finger, die den Stein hielten, kribbelten.

Natürlich! Luna hielt den Atem an, als ihr plötzlich etwas einfiel. Konnte sie vielleicht den Seherstein dazu verwenden, nach dem Flüsterbaum zu suchen?

Sie starrte das Loch im Stein an und verdrängte alle Gedanken aus ihrem Kopf. Alle bis auf einen: den an den flüsternden Baum. Vielleicht gab es jede Menge flüsternde Bäume? Woher würde sie wissen, welcher der richtige war? Sie schob diesen Gedanken beiseite. Sie hatte in den letzten paar Wochen gelernt, dass man manchmal einfach auf die Magie vertrauen musste. Man musste warten, bis sie einem das zeigte, was man wollte.

Um sie herum wurde es auf einmal dunkel. Dafür tauchte im Loch des Steines ein Bild auf. Es wurde immer größer. Vor ihr stand ein hoher Baum mit einem knorrigen, grauen Stamm und runden Blättern mit gezacktem Rand, die an dünnen Zweigen hingen. Die Blätter raschelten im Wind. Dabei machten sie ein flüsterndes Geräusch, als würden sie reden. Luna konnte das Rauschen der Wellen hören, die sich in der Nähe brachen. Doch bevor sie sich genauer umsehen konnte, löste sich der Baum bereits wieder auf. Stattdessen bildete sich eine neue Vision.

Luna erschrak. Was war da los? Ihre Visionen verblassten oft. Thor sagte, das lag daran, dass sie noch keine sehr erfahrene Wetterzauberin war. Sie hatte allerdings noch nie erlebt, dass stattdessen neue Bilder auftauchten. Nun sah sie zu, wie sich das Bild veränderte. Es handelte sich um denselben Baum, aber diesmal saß jemand darunter: ein Mädchen in Jeans und einem langen Mantel. Sie schien etwa in Lunas Alter zu sein. Sie schrieb in ein in rotes Leder gebundenes Tage-

buch. Dann sah sie auf und kaute auf ihrem Stift herum.

Luna hielt den Atem an. Es war ihre Mutter! Luna kannte Fotos von ihr, auf denen sie genauso aussah. Es gab keinen Zweifel!

Lunas Herz raste. „Mama?“, flüsterte sie. Dann wurde ihr plötzlich schwindelig. Dunkelheit senkte sich auf sie herab. Blinzelnd stellte sie fest, dass sie sich wieder zu Hause in ihrem Zimmer befand. Die Vision war verschwunden.

Luna rang nach Luft. Ganz ruhig!, befahl sie sich selbst. Das war nur eine Vision gewesen.

Aber sie war viel zu aufgeregt. Noch nie zuvor hatte sie mit einer Vision in die Vergangenheit schauen können. Und dann auch noch ihre Mutter zu sehen! Lunas Körper wollte gar nicht mehr aufhören zu zittern.

Ihre Mutter hatte unter dem Flüsterbaum gesessen – jenem Baum, den Luna suchte. Und sie hatte in ein Tagebuch geschrieben ... Ein Tagebuch!

Luna riss die Augen auf, als sie die Verbindung zur Gegenwart herstellte. Hier auf dem Speicher gab es einen ganzen Karton voll mit Mamas alten Tagebüchern und Notizheften. Vor ein paar Jahren hatte Luna mal versucht, einige zu lesen. Aber sie konnte die Handschrift ihrer Mutter kaum entziffern und hatte deshalb nach einiger Zeit aufgegeben. Seither hatte sie nicht mehr an diesen Karton gedacht. Vielleicht stand in diesen Heften ja etwas über Sternenstaub und Wetterzauberei. Vielleicht würde sie in einem von ihnen einen Hinweis auf den Flüsterbaum finden!

Luna sprang auf und lief nach unten. Das Autorennen war noch nicht vorbei. Alle saßen gebannt vor dem Fernseher. „Dad?“

„Gleich, Luna. Es ist fast zu Ende“, sagte ihr Vater abwesend.

„Aber Dad, es ist wichtig. Darf ich mir die alten Tagebücher von Mama ansehen?“

Nun sah er sie aufmerksam an. „Gibt’s einen bestimmten Grund dafür?“

„Nein, mir ist einfach nur danach.“

Ihr Vater legte die Stirn in Falten. „Na gut. Natürlich darfst du. Aber vielleicht komme ich besser mit ...“ In diesem Augenblick stieß jedoch der Moderator im Fernsehen einen aufgeregten Schrei aus. „Der Ferrari ist weg!“, rief Lunas Bruder Jake.

Lunas Vater starrte gebannt auf den Bildschirm. Leise verließ Luna das Zimmer. Sie wollte ihren Vater sowieso nicht dabeihaben, wenn sie sich die Tagebücher ansah. Sie lief zurück nach oben und dann noch eine Treppe weiter zum Dachboden. Es handelte sich um einen dunklen, staubigen Raum voller Kisten und alter Koffer. In der Mitte baumelte eine einsame Glühbirne von der Decke, deren schwaches Licht die Dunkelheit erhellte.

Sie entdeckte den Karton fast sofort. Man hatte ihn auf die Seite geschoben. Rasch kniete sie sich davor und nahm den Deckel ab. Ja, da waren die ganzen Tagebücher! Lunas Hände zitterten ein wenig. Vielleicht enthielten sie Wichtiges zum Thema Wetterzauber und Sternenstaub?

Lunas Blick fiel auf ein rotes Tagebuch. Es sah genauso aus wie das aus der Vision! Sie nahm es heraus und öffnete es. Auf der ersten Seite stand Mamas Name: *Rachel Margaret Winston, 10 Jahre und 9 Monate alt.* Auf der Innenseite des Buchdeckels war mithilfe eines inzwischen vergilbten Klebestreifens eine Haarsträhne befestigt.

Mamas Haare! Sie waren heller als ihre. Luna berührte die Locke ehrfürchtig. Dann blätterte sie vorsichtig die erste Seite auf und fing an zu lesen. Am Anfang fiel es ihr noch schwer, die Schrift zu entziffern. Aber dann bekam sie immer größere Augen ...

4

1. Januar

Heute ist also Neujahr, und ich fange ein neues Tagebuch an. Fürs neue Jahr habe ich mir vorgenommen, jeden Tag einen Eintrag zu machen. Selbst wenn sonst nichts los ist, will ich über Sternenstaub und Wetterzauberei schreiben. Mama hat mir in den Weihnachtsferien viel darüber erzählt. Sie sagt, jetzt, wo ich fast elf bin, muss ich das wissen. Der große runde Zauberstein an dem Platz mit den drei Felsen, den man „Das Ende der Welt" nennt, ist eine Pforte zwischen unserer Welt und der Wolkenwelt. Mama sagt, dass wir alle sieben Jahre einen neuen Zauber sprechen müssen, damit das Portal nicht einfach von jedermann benutzt werden kann. Großmutter hat das früher gemacht, und nun ist es Mamas Aufgabe. Irgendwann wird es meine sein, wenn ich älter bin. Der Zauber muss nächstes Jahr zur Sommersonn-

wende ausgeführt werden. Es ist schon seltsam, sich vorzustellen, dass ein Stein eine Pforte sein kann und dass wir dadurch in die Wolkenwelt kommen können. Ich würde ja zu gerne mal ein Wolkenpferd treffen. Wie es wohl wäre, eines zu streicheln? Mama sagt, es tut den Pferden nicht gut, wenn die Portale zu oft benutzt werden. Sie werden dann krank oder so was. Es gibt auch noch ein anderes Portal außer dem am „Ende der Welt".

Das andere Portal ist aber höchst geheim. Mama sagt, sie glaubt, dass nur sie und ich davon wissen. Großmutter hat es geschaffen, als sie gegen ihre Schwester May gekämpft hat. Das war eine böse dunkle Elfe. Ich bin heute mit dem Fahrrad zu dieser Stelle gefahren, habe mich unter den Flüsterbaum gesetzt und das Portal angeschaut. Man würde nie auf die Idee kommen, dass es eine Pforte ist. Ich finde, der Flüsterbaum ist der beste Baum auf der ganzen Welt. Wenn ich dort sitze, kann ich mir fast einbilden, dass er mit mir spricht. Es gibt dort außerdem eine ganze Menge Stech-

palmenbüsche. Jetzt gerade sind sie voller roter Beeren …

„Luna?“

Luna zuckte vor Schreck zusammen. Ihr Vater stand in der Tür zum Dachboden. „Ist alles in Ordnung, mein Schatz?“

„Ja, alles klar hier.“ Das Tagebuch ihrer Mutter hatte Luna so gefesselt, dass sie den Dachboden um sich herum ganz vergessen hatte. „Darf ich diese Bücher mit in mein Zimmer nehmen?“

„Natürlich“, antwortete ihr Vater. „Ich habe sie ja extra aufgehoben, damit du sie eines Tages lesen kannst. Aber warum interessierst du dich plötzlich dafür?"

Luna zuckte mit den Schultern. „Ach, nur so."

Ihr Vater sah sie prüfend an. „Geht's dir gut? Du bist nicht irgendwie traurig, oder?"

„Nein, alles ist bestens." Luna wollte einfach nur gerne in Ruhe in dem Tagebuch weiterlesen. „Würdest du die Kiste für mich runtertragen? Sie ist ziemlich schwer."

Ihr Vater nickte und schleppte den Karton in Lunas Zimmer. „Du weißt, dass du jederzeit mit mir über deine Mutter reden kannst", sagte er.

„Ja, ich weiß." Sie wollte ihn jetzt einfach nur aus ihrem Zimmer haben. „Es ist alles in bester Ordnung. Wirklich. Ich schwör's."

„Na dann." Er fuhr ihr liebevoll durch die Haare und ging nach unten.

Luna ließ sich mit dem Tagebuch in der Hand auf ihr Bett fallen und las weiter.

Als es Zeit zum Schlafen war, hatte sie die Einträge von März erreicht. Über das Portal hatte sie nicht viel mehr erfahren. Einmal hatte ihre Mutter allerdings noch darüber geschrieben. Diesen Eintrag vom Februar las Luna mehrmals:

12. Februar

Mama und ich haben heute einen Spaziergang auf den Klippen gemacht. Dabei hat sie mir mehr über das andere Portal erzählt. Sie sagte, meine Großmutter habe es geschaffen, als ihre Schwester May den Wolkenhengst gefangen hat. May war eifersüchtig auf ihre Schwester, weil alle sagten, dass sie mehr Zauberkraft besäße. Also ist May in die Wolkenwelt gegangen und hat einen Wolkenhengst gefangen, damit sie völlige Kontrolle über das Wetter hätte. Sie hat einen schrecklichen Sturm herbeigeführt, sodass alle Leute sich vor ihr gefürchtet haben. Es hat tagelang nur geregnet und schreckliche Überschwemmungen gegeben. Großmutter wollte May dazu bringen, den Hengst wieder freizulassen. Sie hat das zweite Portal geschaffen, falls sie selbst in die Wolkenwelt gehen müsste und die Pforte am Ende der Welt nicht benutzen könnte. Am Schluss hat sie das Portal doch nicht gebraucht. Sie hat es nämlich geschafft, May zu besiegen. Sie muss aber eine sehr mächtige Wetterzauberin gewesen sein, um so eine Pforte einrichten zu können. Mama sagt, sie glaubt, ihre Mutter und Großtante May waren zwei der mächtigsten Wetterzauberinnen, die es je gab. Ich hoffe, ich bin eines Tages auch so stark!

Luna hatte eine Gänsehaut. Von Thor wusste sie, dass es früher mal einen schlimmen Sturm gegeben hatte, weil eine dunkle Elfe einen Wolkenhengst gefangen hatte. Luna war jedoch nicht klar gewesen, dass diese Elfe der Dunkelheit die Schwester ihrer Urgroßmutter gewesen war. Die Beschreibung hätte auch auf Kea zutreffen können, dachte sie. Schreckliche Bilder von Stürmen und Überschwemmungen wirbelten durch ihren Kopf. Wenn Kea die Kontrolle über das Wetter bekäme wie damals May, dann konnte dasselbe wieder passieren.

Vielleicht gab es noch mehr Hinweise, wo sich

das Portal befand? Bisher wusste sie schon einiges mehr: Ringsherum wuchsen Stechpalmenbüsche, es war in der Nähe der Klippen, und man kam mit dem Fahrrad hin. Wenn sie und Erin die Küste entlangflogen, würden sie die Stelle vielleicht finden.

Luna klappte das Buch zu. Sie konnte es kaum erwarten, Erin später davon zu erzählen!

„Wow!“ Erin war völlig fasziniert von Lunas Bericht.

Sie hatten sich am Strand getroffen. Die Wellen leckten über den Kiesstrand und zogen die Kiesel mit einem rasselnden Geräusch mit sich ins Meer. Der Geruch nach Tang lag in der Luft.

„Dann war die dunkle Elfe, die einst einen Wolkenhengst gefangen hat, die Schwester deiner Urgroßmutter?“, fragte Erin.

Luna nickte. „Das ist seltsam, oder? Eine Schwester war gut, die andere böse.“

Erin wirkte nachdenklich. „Weißt du noch, in jener Nacht, als du den Fängerstein zerbrochen hast? Da hat Thor doch gesagt, er glaubt, du und Kea, ihr könntet verwandt sein, weil eure Zauberkräfte explodiert sind, als sie aufeinandertrafen. Vielleicht ist Kea ja Mays Enkelin oder so was?“

Luna dachte über Erins Worte nach. Sie hatte Thor gar nicht glauben wollen. Soweit sie wusste, hatte sie nämlich keine Verwandten. Ihre Mutter und ihre Großmutter waren beide Einzelkinder gewesen, also gab es keine Tanten oder Cousinen. Aber vielleicht hatte Erin ja recht? Vielleicht lag die Verbindung weiter zurück? „Ich werde meinen Vater morgen fragen, ob er irgendwas über May weiß.“ Sie klappte das Tagebuch zu und merkte, dass sich die Härchen in ihrem Nacken plötzlich aufrichteten, genau wie in der Nacht zuvor.

Schnell griff sie in die Tasche, um nach ihrem Schutzstein zu tasten. Der würde sie vor Gefahr warnen, denn dann wurde er eiskalt. Außerdem sollte er verhindern, dass Kea sie beobachten konnte. Doch der Schutzstein war nicht da. Luna wurde ein bisschen mulmig. Sie hatte es so eilig gehabt, Erin zu treffen, dass sie das Haus ohne den Schutzstein verlassen hatte.

Schnell ging sie in die Hocke und wühlte mit

den Händen im Kies. Konnte sie vielleicht einen Ersatz finden? Wie viel hatte Kea schon gehört und gesehen?

„Luna?“ Erin klang überrascht. „Was machst du denn da?“

„Warte kurz!“ Luna ließ den Blick über die Steine schweifen. Sie hatte schon immer ein besonderes Auge für Steine mit Löchern gehabt. Andere Leute konnten ewig suchen, aber ihr schienen sie immer gleich aufzufallen. Und auch jetzt entdeckte sie kurz darauf einen braunen Stein mit zwei Löchern und hob ihn auf. Ein Schutzstein! Sie nahm ihn in die Hand und tat, was Thor ihr beigebracht hatte: Sie schloss die Augen und stellte sich einen unsichtbaren Schutzschild um Erin und sich selbst herum vor. Der Stein glühte kurz auf und wur-

de dann wieder kalt. Das Kribbeln in Lunas Nacken verschwand. Sie richtete sich auf und merkte, dass Erin sie erstaunt ansah.

„Tut mir leid. Ich glaube, Kea hat uns beobachtet, als wir geredet haben, aber jetzt habe ich einen Schutzschild errichtet."

Erin wirkte besorgt. „Wenn das stimmt, hat sie das Tagebuch gesehen."

Ängstlich umklammerten Lunas Finger das rote Buch. „Lass uns schnell zu Thor fliegen."

Erin nickte. „Unterwegs können wir ja nach einem Flüsterbaum Ausschau halten. Ich habe ein altes Buch über Bäume von meinem Vater mitgebracht." Sie zog es aus ihrer Tasche. „Ich dachte, vielleicht finden wir dadrin irgendeinen Hinweis, welche Art Baum es sein könnte."

Luna schob das Tagebuch und den Schutzstein in ihre Tasche, damit sie die Hände frei hatte. „Ich habe den Baum heute in einer Vision gesehen. Ich weiß, wie er aussieht." Sie blätterte durch das Buch. Als sie etwa zur Hälfte durch war, hielt sie plötzlich inne. „Da! Ich bin sicher, der ist es!"

Sie las den Namen vor. „Eine Espe, auch Zitterpappel genannt."

Erin warf einen Blick über ihre Schulter auf den Text: „Der leiseste Windhauch lässt die grünen Blätter der Espe flattern und zittern. Deshalb wird sie im Volksmund auch Zitterpappel oder Flüsterbaum genannt." Aufgeregt sah sie Luna an. „Du hast recht! Wir müssen eine Espe finden. Wenigstens wissen wir jetzt, wonach wir suchen. Los geht's!"

Luna drehte sich um und wollte sich gerade in die Luft schwingen. Da hielt sie plötzlich erschrocken den Atem an. Die Luft hinter ihr schien einen Moment lang zu flimmern. Dann tauchte eine Frau in einem dunkelblauen Kleid auf. Sie zeigte auf die beiden Mädchen.

„Nein!", rief Luna.

Die Stimme der Frau zischte wie eisiger Atem in der Nacht. *„Bindet sie!"*

5

Luna zog Erin gerade noch rechtzeitig nach unten, als Kea einen weißen Lichtblitz nach ihnen schleuderte.

Erin reagierte sofort, indem sie ihre Sternenstaub-Magie benutzte. „*Feuer, komm herbei!*“, rief sie. Ein glühender Feuerball schoss aus ihren Fingerspitzen.

Kea schnippte mit den Fingern und eine kleine eisige Wolke tauchte auf. Als der Feuerball hindurchflog, erlosch er mit einem Zischen. Kea ballte die Hand zur Faust. Die Wolke verwandelte sich in eine Kugel aus Eis, die direkt auf Erins Kopf zusauste.

Luna stopfte den Baumführer zum Tagebuch in ihre Tasche und griff nach dem Schutzstein. „*Schütze uns, schütze uns*“, murmelte sie.

Der Eisball schien an einer unsichtbaren Mauer abzuprallen. Eine Welle der Erleichterung durchströmte Luna. Sie wusste jedoch, dass ihre Wettermagie noch nicht sehr mächtig war. Der Stein würde sie nicht allzu lange vor Kea schützen können.

Kea kam immer näher. „Ich will dieses Tagebuch“, zischte sie.

„Nein.“ Luna schüttelte den Kopf und wich in Richtung Meer zurück.

Keas Augen funkelten wie blaues Eis. „Du gibst mir jetzt sofort das Buch!“ Sie zeigte mit der Hand auf Lunas Tasche und murmelte ein Wort. Luna zuckte erschrocken zusammen, als sie merkte, wie der Schutzstein in zwei Teile zersprang. Kea fuhr herum und zeigte auf Erin. „*Bindet sie!*“, befahl sie. Sofort schoss wieder weißes Licht aus ihren Fingern.

Erin stieß einen Schrei aus, aber dann brach ihre Stimme ab, als der Zauber sie traf. Sie fasste sich an den Hals und schnappte nach Luft.

Luna wusste nicht, was sie tun sollte. Man konnte sich von einem Fesselzauber befreien, wenn die dunkle Elfe abgelenkt war. Aber wie konnte sie Kea ablenken? „*Regen, komm herbei!*“, rief sie verzweifelt.

Eine Regenwolke bildete sich über Kea, doch als die ersten Tropfen fielen, schnippte Kea bloß mit den Fingern der anderen Hand. Die Wolke verschwand. „Du hast doch nicht ernsthaft gedacht, das würde mich aufhalten, du kleiner Dummkopf?“ Ihr Tonfall war kalt. „Gib mir das Buch.“

Luna hatte plötzlich eine Idee. Sie griff in ihre Tasche. Kea machte gierig einen Schritt auf sie zu. In diesem Moment rief Luna: „*Hagel, komm herbei!*“, und zeigte mit der anderen Hand auf Keas Kopf. Kea sah nach oben. Als der Hagel auf sie herunterprasselte, war sie wirklich abgelenkt.

Erin ergriff die Gelegenheit und befreite sich vom Fesselzauber. Dafür schleuderte sie gleich einen Feuerball nach Keas Füßen. Die dunkle Elfe stolperte überrascht.

„Komm schnell, Luna!“ Erin wurde plötzlich unsichtbar. Sie war nicht richtig verschwunden, sondern hatte sich nur vor dem dunklen Nacht-

himmel getarnt. Alle Sternenstaub-Elfen besaßen diese Fähigkeit. Luna wollte gerade dasselbe tun, als Kea wieder auf sie zukam. Doch plötzlich veränderte sich ihr Körper. Ihre Arme wurden zu Flügeln, und Federn bedeckten ihre Haut.

Dort, wo gerade noch Kea gestanden hatte, flog nun ein schwarzer Habicht direkt auf Luna zu. Sie schrie entsetzt auf und versuchte, dem scharfen Schnabel zu entkommen. Die Krallen des Vogels zerrissen den dünnen Stoff ihres Kleides. Ehe es sich Luna versah, packte der Habicht das Buch mit dem Schnabel und flog davon.

„Hast du … hast du das gesehen?", stammelte Erin, die wieder sichtbar wurde.

„Sie hat sich in einen Vogel verwandelt!" Luna rang nach Luft.

„Und sie hat das Tagebuch!" Erins Stimme klang ganz niedergeschlagen.

Luna griff in das, was von ihrer Tasche noch übrig war. „Nicht ganz." Sie zog das kleine rote Buch heraus.

Erin sah sie mit großen Augen an. Luna brachte ein zittriges Lächeln zustande. „Sie hat das Baumbestimmungsbuch deines Vaters erwischt!"

„Kea hat das falsche Buch?", fragte Erin ungläubig. Luna nickte.

„Das ist ja großartig!" Doch Erins Freude verwandelte sich rasch in Besorgnis. „Wir sollten uns hier besser verdrücken. Bestimmt merkt sie den Fehler bald und kommt zurück! Schnell!" Sie packte Lunas Hand und flog hinauf in den Himmel. Dabei tarnte sie sich.

„*Camouflagus*", flüsterte Luna. Ihr Körper wurde ebenfalls unsichtbar.

Seite an Seite jagten sie durch die Nacht. „Kea muss uns tatsächlich vorhin beobachtet haben", zischte Erin. „Sie hat wohl gehört, wie wir uns über das Portal unterhalten haben. Sie kennt die Prophezeiung. Bestimmt will sie das Tagebuch, weil sie denkt, es hilft ihr, die Pforte zu finden!"

Sie erreichten den Wald und flogen hinunter auf die Lichtung. Thor und Mistral erwarteten sie bereits. Das graue Hengstfohlen wieherte zur Begrüßung.

Thor schien sofort zu merken, dass etwas nicht stimmte. „Was ist passiert?“, fragte er, als Luna auf wackeligen Beinen zu ihm ging.

„Eine ganze Menge.“ Sie erzählte ihm, wie sie das Tagebuch gefunden hatte und wie Kea dann plötzlich aufgetaucht war. „Sie hat sich in einen Habicht verwandelt, Thor. Ich wusste nicht, dass Sternenstaub-Elfen das können.“

Thor nickte. „Mächtige Sternenstaub-Elfen können sich in Tiere verwandeln. Normalerweise tun das aber nur Elfen der Dunkelheit. Es stört das Gleichgewicht der Natur. Du musst wirklich immer einen Schutzstein bei dir tragen, Luna.“

„Ich hätte heute Abend einen mitbringen sollen“, erwiderte sie. „Ich habe zwar am Strand einen gefunden, aber Kea hat ihn zerbrochen. Wenn ich doch nur gleich zu Hause einen eingepackt hätte. Dann hätte er mich vor ihr gewarnt, und wir hätten rechtzeitig verschwinden können. Ich kann nicht fassen, dass ich so dumm war!“

„Wenigstens hast du immer noch das Tagebuch“, erinnerte Erin sie.

Luna nickte. „Meine Mutter hat eine ganze Menge über Wetterzauber geschrieben."

„Lass es am besten zu Hause", riet Thor ihr. „Es ist nicht sicher, es herumzutragen. Jetzt, wo Kea davon weiß, wird sie bestimmt noch einmal versuchen, es dir wegzunehmen. Sie wird glauben, es könnte ihr helfen, das verborgene Portal zu finden."

„Wie kommt es, dass ich meine Mutter in einer Vision gesehen habe?", fragte Luna.

„Visionen können sich auf die Vergangenheit oder auf die Gegenwart beziehen", antwortete Thor. „Wenn du noch etwas geübter bist, wirst du mithilfe der Sehersteine in die Vergangenheit schauen können. Genau wie jetzt mit der Gegenwart." Er blickte hinauf in den Himmel, wo sich dicke Wolken auftürmten. „Und nun muss ich dem Himmel wieder einen Besuch abstatten. Es ist zwar ruhiger als letzte Nacht, aber ich spüre, dass sich etwas zusammenbraut."

Luna und Erin legten die Steine aus wie in der vergangenen Nacht. Thor trat in den Kreis. „Bist du so weit?"

Luna holte tief Luft und versuchte alle Gedanken an Kea und das, was eben passiert war, zu verscheuchen. „Ja.“ Sie folgte ihm. Er berührte ihre Schulter mit dem Maul. Sie legte die Hand auf seinen Hals und lächelte. Manchmal mussten sie gar nicht reden. Sie setzte sich auf den Boden und nahm einen Seherstein aus der Tasche. Während sie auf das Loch in der Mitte starrte, ließ sie sich in eine Vision fallen, genau wie in der Nacht zuvor.

Luna hätte den Wolkenpferden die ganze

Nacht zusehen können. Doch bald trieb Thor sie zusammen und führte sie über den Horizont. Als der Kreis zwischen den Steinen leer war, sah er sie an, und sie beendete die Vision.

Thor löste sich im Nebel auf und kehrte dann in seiner normalen Größe zurück.

„Sternentanz ist so wunderschön“, sagte Luna.

„Sie vermisst mich“, erwiderte Thor seufzend. „Jetzt ist es wieder friedlich da oben.“ Er sah hinauf in den klaren Himmel. „Aber jeden Tag beginnt die Unruhe von Neuem. Die Herde braucht rund um die Uhr einen Anführer. Wenn ich nicht bald zurückkehre, wird es Kämpfe geben. Das bedeutet heftige Stürme für die Küste hier.“

„Wir werden das Portal finden“, versprach Erin, die außerhalb des Kreises stand. „Wir haben schon herausgefunden, was ein Flüsterbaum ist. Und außerdem gibt es im Tagebuch von Lunas Mutter einige Hinweise. Der Baum wächst in der Nähe der Klippen, und es gibt dort viele Stechpalmenbüsche. Wir werden uns auf die Suche machen.“

„Ich hoffe, ihr seid erfolgreich“, erwiderte Thor.

„Wir werden alles versuchen“, versicherte Luna.

Luna und Erin flogen lange umher und fanden sogar ein paar Espen. Keiner der Bäume wuchs jedoch an einem Ort, der dem aus Lunas Vision glich. Schließlich mussten sie aufgeben.

Zu Hause flog Luna durchs Fenster und landete auf dem Fußboden ihres Zimmers. *„Sternenstaub, hinfort!“*, flüsterte sie. Ein Gefühl der Schwere senkte sich auf sie herab. Ihr Sternenstaub-Kleid verwandelte sich in ihren Schlafanzug. Gähnend krabbelte sie ins Bett. Sie schob das Tagebuch unter ihr Kopfkissen. Morgen würde sie weiter darin lesen. Beim Gedanken daran wurde sie schon ganz aufgeregt. Was würde sie wohl noch darin entdecken?

6

Am nächsten Morgen wachte Luna früh auf. Unten in der Küche hantierte ihr Vater. „Guten Morgen“, begrüßte er sie.

„Hallo.“ Luna setzte sich an den Tisch. Sie war froh, dass es ausnahmsweise mal still im Haus war.

„Hast du gut geschlafen?“, erkundigte sich ihr Vater.

„Mhm.“ Luna zögerte. Ihr war gerade wieder eingefallen, was sie ihn fragen wollte.

„Weißt du irgendwas über meine Urgroßmutter, also Mamas Großmutter? Sie hieß wohl Margaret.“

„Ja, ich habe sie ein paar Mal getroffen“, antwortete er. „Warum?“

„Ach, Mama schreibt in ihrem Tagebuch von ihr.“ Luna räusperte sich. „Und … bist du je May, ihrer Schwester, begegnet?“

„Nein. Deine Mutter hat immer gesagt, May ist das schwarze Schaf in der Familie. Scheinbar hatte sie irgendeinen großen Streit mit Margaret, als sie noch jünger waren. Danach hat sie die Gegend verlassen. Sie haben sich nie wiedergesehen oder miteinander gesprochen. Deine Mutter hat irgendwann mal versucht, sie zu finden. Doch alle ihre Briefe kamen unbeantwortet zurück. Vermutlich ist sie längst tot."

„Hatte sie denn Kinder?", wollte Luna wissen.

„Soweit ich weiß nicht", antwortete ihr Vater. Er warf ihr einen forschenden Blick zu. „Bist du sicher, dass dich nicht irgendetwas umtreibt zurzeit? Zuerst willst du die Tagebücher deiner Mutter sehen und jetzt diese ganzen Fragen ..."

„Es ist wirklich nichts." Schnell wechselte Luna das Thema. „Kann ich einen Toast haben?"

Ihr Vater zögerte einen Moment, aber dann zuckte er mit den Schultern. „Vollkorn oder normal?"

„Und, hast du noch weiter im Tagebuch gelesen?", erkundigte Erin sich flüsternd, als sich die beiden

Freundinnen später auf dem Parkplatz der Reitschule trafen.

„Noch nicht", antwortete Luna. „Aber ich habe es dabei. Ich dachte, hier ist es bestimmt sicher. Und dann können wir nachher gemeinsam reinschauen."

„Super." Erin grinste. „Vielleicht finden wir ja noch ein paar Hinweise auf dieses Portal."

Luna nickte. „Dann lass uns mal nachsehen, zu welchen Aufgaben Jackie uns heute eingeteilt hat."

„Ich weiß genau, sie möchte, dass *du* erst mal *dein* Pony einfängst", neckte Erin sie. „Und dass du dann *dein* Pony putzt und reitest. Meinst du, da bleibt dir überhaupt noch Zeit für die anderen Pferde?"

Luna tippte ihr mit einem Grinsen an die Stirn. In diesem Moment bog ein schwarzer Landrover mit einem nagelneuen silbernen Anhänger auf den Parkplatz ein. Im Anhänger konnte man ein Pferd wiehern hören.

„Schicke Box", meinte Erin. Doch dann erstarrten die Mädchen vor Schreck, als sie sahen, wer ausstieg. Es war Kea!

Kea ließ den Blick über den Parkplatz schweifen. Sie trug schwarze Reithosen und -stiefel und ein schlichtes weißes T-Shirt. Ihre Haare hatte sie zu einem losen Pferdeschwanz zusammengebunden. Als sie Luna und Erin entdeckte, verzog sich ihr Mund zu einem Lächeln. Sie machte einen Schritt auf die beiden zu.

Luna wich automatisch zurück. Am liebsten wäre sie weggerannt.

Aber genau in diesem Moment tauchte Fran auf dem Parkplatz auf. Neugierig musterte sie Kea. „Hallo!“, rief sie ihr zu. „Brauchen Sie Hilfe?“

Luna sah, wie sich Keas Miene kurz verzerrte, doch sie verbarg ihren Ärger sofort. „Vielen Dank“, erwiderte sie höflich. „Ich suche Jackie.“

„Ihr Büro ist hier drüben“, erklärte Fran hilfsbereit und deutete auf das Gebäude hinter sich. „Ich bringe Sie hin, wenn Sie wollen.“

Kea warf Luna und Erin einen letzten Blick zu. Dann drehte sie sich um und folgte Fran.

Luna hatte die Luft angehalten und stieß sie nun mit einem Prusten aus.

„Was will die denn hier?“, zischte Erin.

„Keine Ahnung.“ Luna wusste, dass Kea zwei Pferde hatte, doch sie hätte nie damit gerechnet, sie hier im Stall zu sehen. „Aber das lässt sich ja herausfinden.“

Fran stand vor Jackies Büro. Erin ging zu ihr hinüber. „Weißt du, was diese Frau hier will?“

Fran nickte. „Ja. Sie hat gesagt, sie will ihre beiden Pferde für ein paar Monate hier unterstellen, weil sie zu Hause zu viel zu tun hat, um sich um sie zu kümmern."

Luna und Erin sahen sich entsetzt an.

„Ich wette, ihre Pferde sind wunderschön", fuhr Fran fort, die nichts bemerkt hatte. „Habt ihr den Anhänger gesehen? Der ist brandneu!"

In diesem Moment trat Jackie mit Kea aus ihrem Büro. Die beiden Frauen unterhielten sich lachend. „Das hier sind einige meiner Helferinnen", verkündete Jackie fröhlich. „Mit denen werden Sie vermutlich dann öfter zu tun haben. Darf ich vorstellen: Fran, Luna und Erin."

„Ich hoffe, ihr werdet mich ein bisschen herumführen", sagte Kea.

„Aber natürlich", erwiderte Fran eifrig.

Weder Erin noch Luna sagten ein Wort.

Zum Glück schien Jackie nichts zu bemerken. „Zu den Stallungen geht es da lang", sagte sie. „Nach dem Rundgang helfe ich Ihnen beim Entladen der Pferde."

Keas Pferde waren zwei edle Warmblüter: ein dunkelbrauner Wallach namens Windfall und ein Fuchs, der auf den Namen Gamble hörte.

„Was machen wir denn jetzt?“, flüsterte Luna Erin zu, während sie Kestrel und Pippin putzten. „Sie wird sich jetzt dauernd hier rumtreiben!“ Normalerweise war Luna furchtbar gern im Stall und fühlte sich dort auch sicher. Aber wenn Kea jetzt hier war, würde das schrecklich sein. Luna schlang die Arme um Kestrels Hals und drückte sich fest an ihn.

„Wie heißen denn diese beiden Ponys hier?“, ertönte plötzlich Keas Stimme.

Luna zuckte erschrocken zusammen. Kea stand mit Jackie direkt hinter ihnen.

„Ganz ruhig“, brummte Luna schnell, weil Kestrel ängstlich zurückwich. Auch er schien sich erschreckt zu haben.

„Der kleine Araber ist Kestrel, und Erin putzt Pippin“, erklärte Jackie.

„Der da wirkt ein bisschen schreckhaft.“ Kea deutete mit dem Kopf auf Kestrel.

„Er ist noch recht neu. Luna hilft mir dabei, ihn einzugewöhnen.“

„So so.“ Kea runzelte die Stirn, als Kestrel mit dem Vorderhuf auf dem Betonboden zu scharren begann. Er wurde immer nervöser, weil er Lunas Anspannung spürte. „Wie ein ideales Reitschulpony wirkt er nicht gerade. Nun denn, ich packe wohl besser mal mein Sattelzeug aus.“ Sie ging davon. Jackie sah den herumtänzelnden Kestrel besorgt an. Dann folgte sie Kea.

Luna stöhnte. „Oh, Kestrel. Warum musstest du vor ihr so einen Zirkus veranstalten?“

„Ich kann nicht fassen, was Kea da über Kestrel gesagt hat.“ Erin war wütend.

Luna fiel wieder ein, wie Thor seine Stuten beruhigte, indem er ihnen sanft über den Nacken strich. Also streichelte sie jetzt ganz leicht Kestrels Hals, seine Schulter und seine Mähne. Dabei redete sie die ganze Zeit leise auf ihn ein. Nach und nach hörte er auf, mit den Hufen zu scharren, und die Spannung schien aus seinem Körper zu weichen.

Dann ließ Luna den Kopf an seinen Hals sinken. Sie wusste, dass Jackie sich ohnehin schon Sorgen um ihn machte. Das Letzte, was sie brauchen konnte, war Kea, die für noch mehr Verunsicherung sorgte.

„Alles wird gut." Erin sah über Pippins Rücken hinweg zu ihr herüber.

Luna hoffte so, dass ihre Freundin recht hatte.

7

Als Luna nach Hause kam, holte sie als Erstes das Tagebuch aus der Tasche. Sie und Erin mussten Thor und Mistral so bald wie möglich zurück in die Wolkenwelt bringen! Vielleicht würde Kea sie dann in Ruhe lassen. Egal welche Gründe Kea genannt hatte, warum sie ihre Pferde einstellen wollte – Luna war sicher, dass sie in Wahrheit bloß hinter ihr und Erin herspionieren wollte.

Wir müssen das Portal finden, bevor sie es entdeckt!, dachte Luna. Sie legte sich zum Lesen aufs Bett. Inzwischen war sie bei den Einträgen vom Juni angekommen. Während der ersten zwei Wochen passierte nichts Interessantes. Dann wurde Luna jedoch plötzlich hellwach:

21. Juni

Heute ist der längste Tag des Jahres. Nächstes Jahr um diese Zeit wird Mutter den Zauber am „Ende der Welt" erneuern müssen, damit das Portal für weitere sieben Jahre verschlossen bleibt. Ich darf dabei helfen, und in weiteren sieben Jahren darf ich es bereits alleine machen. Da bin ich dann schon achtzehn! Mutter sagt, wir brauchen dazu eine Silberschüssel und eine graue Feder. Die bringen wir um Mitternacht zum Stein und beginnen den Zauber. Ich kann es kaum erwarten. Nächstes Jahr werde ich endlich herausfinden, was genau wir tun müssen! Mutter hat mich heute Nacht mit zum anderen Portal genommen. Ich habe es bisher immer nur von oben neben dem Flüsterbaum gesehen. Es war ganz schön seltsam, von der anderen Seite dorthin zu gelangen. Wir mussten ewig warten, bis das Meer sich bei Ebbe weit genug zurückgezogen hatte, damit wir den Eingang sehen konnten. Es roch nach Tang. Drinnen war es feucht und sehr dunkel, aber Mutter hatte einige Kerzen in der Höhle gelassen und

Streichhölzer dabei. Mir hat es nicht gefallen. Ich habe mir die ganze Zeit vorgestellt, wie es wäre, wenn jemand einen Felsbrocken vor den Eingang schieben und uns einschließen würde. Wir sind durch die Höhle und den Tunnel bis zum Portal geklettert. Es war unglaublich! Von oben würde man es nie für möglich halten. Da sieht es natürlich bloß aus wie ein Loch. Trotzdem war ich froh, als wir wieder draußen waren! Jetzt muss ich los!

Luna überflog die nächsten paar Einträge, aber ihre Mutter erwähnte das Portal nicht mehr. Dann las sie den Eintrag vom 21. Juni noch einmal. Sie

wurde ganz aufgeregt. Es klang, als könnte man vom Meer aus zur versteckten Pforte gelangen: *Wir mussten ewig warten, bis das Meer sich bei Ebbe weit genug zurückgezogen hatte, damit wir den Eingang sehen konnten.*

Also kann man die Pforte sehen, wenn man bei einem Flüsterbaum sitzt, überlegte sie. Dorthin gelangen kann man aber nur vom Fuße der Klippen aus.

Frustriert schaute sie aus dem Fenster. Draußen war es immer noch hell. Am liebsten wäre sie sofort losgeflogen, um sich auf die Suche zu machen!

Bevor Luna und Erin in dieser Nacht anfangen konnten, nach dem Portal zu suchen, half Luna Thor wieder, die Wolken vom Himmel zu vertreiben. „Es ist toll, die Wolkenpferde im Steinkreis zu beobachten, oder?“, meinte Erin, als sie sich schließlich auf die Suche machten.

Luna nickte. Das war es wirklich. Manchmal stellte sie sich vor, wie es wäre, tatsächlich die Wolkenwelt zu besuchen und die Wolkenpferde in echt zu sehen. Aber ihr fiel wieder ein, was ihre Mutter im ersten Tagebucheintrag geschrieben hatte: *Es tut den Pferden nicht gut, wenn die Portale zu oft benutzt werden.*

„Thor und Mistral werden mir fehlen, wenn sie wieder dort oben sind“, sagte Erin, während sie durch die Nacht flogen.

„Na, zuerst einmal müssen wir sie überhaupt dorthin zurückbringen“, erinnerte Luna sie. Sie tastete nach dem Schutzstein in ihrer Tasche. Er war kalt, aber nicht eisig. Also herrschte keine direkte Gefahr.

„Lass uns doch am Strand entlangfliegen. Vielleicht sehen wir dann etwas, das wie ein Eingang aussieht“, schlug Erin vor.

Luna nickte. „Okay.“

Als sie jedoch das Meer erreichten, mussten sie ihren Plan aufgeben. Die Wellen reichten bis zum Fuß der Klippen.

„Ach, Mist.“ Erin war enttäuscht.

„Wir hätten vorher herausfinden sollen, wann Ebbe ist“, sagte Luna.

„Aber egal.“ Erin sah sich um. „Wir können ja immer noch nach dem Flüsterbaum Ausschau halten. Wir wissen ja, dass er nahe bei den Klippen wachsen muss.“

Sie flogen an der Küste entlang, aber sie fanden keine Espen, die von Stechpalmenbüschen umgeben waren. Stattdessen entdeckten sie einen Igel, der in einem alten Plastikbecher feststeckte. Die Mädchen befreiten das Tier und sahen zu, wie es dankbar im Unterholz verschwand. Dann verscheuchten sie eine Katze vom Nest einer Heidelerche. Es kam Luna ganz komisch vor, wie eine ganz normale Sternenstaub-Elfe der Natur mit kleinen Dingen zu helfen. Schließlich wusste sie doch, dass sie eigentlich eine viel größere und wichtigere Aufgabe zu erfüllen hatten.

Schließlich gaben Erin und sie die Suche auf. „Ich werde meinen Vater morgen fragen, ob er weiß, wann Ebbe ist“, sagte Luna. „Und falls wir zu der Zeit unterwegs sind, können wir dann ja noch mal schauen. Ach, und übrigens: Herzlichen Glückwunsch zum Geburtstag!“, fügte sie lächelnd hinzu. „Es ist ja schon nach Mitternacht, also hast du heute Geburtstag. Kommst du morgen nach der Schule in den Stall? Dann kann ich dir dein Geschenk geben."

Erin nickte. „Ich hatte schon Angst, meine Mutter würde mich zu einer Geburtstagsfeier zwingen. Aber das tut sie dieses Jahr komischerweise nicht. Sie hat gesagt, ich darf in den Stall."

„Prima!" Luna freute sich. „Bis dann!"

„Ich frage mich, was meine Eltern mir wohl schenken", meinte Erin und spielte gedankenverloren mit einer Haarsträhne. „Ich hoffe, es ist ein Pony."

Luna grinste und flog hinauf in den Nachthimmel. „Träum mal schön weiter!"

Sobald Luna am nächsten Tag aus der Schule kam, zog sie ihre Reitsachen an. Dann steckte sie Erins Geschenk – einen silbernen Pferdeanhänger – in ihren Rucksack und radelte zur Reitschule. Als sie Keas schwarzen Landrover auf dem Parkplatz sah, beschlich sie ein mulmiges Gefühl.

„Hallo, Luna!" Jackie kam gerade mit einer Kaffeetasse aus der Sattelkammer. „Sind Erin und ihre Eltern schon da?"

„Nein." Luna war ein wenig überrascht. Warum fragte Jackie, ob Erins Eltern hier waren? „Was soll ich heute machen? Soll ich Kestrel von der Koppel holen?"

„Ja, bitte", antwortete Jackie.

Also holte Luna Kestrels Führstrick und machte sich auf den Weg zur Weide. Dabei fiel ihr Blick auf ein rotbraunes Pony, das den Kopf aus einer der Boxen streckte.

„Hallo, mein Schöner." Luna blieb stehen, um ihn zu streicheln. Auf der Stirn hatte er eine weiße Blesse, und seine kurze Mähne stand stoppelig hoch. Er schien sehr zutraulich zu sein. „Ich frage mich, wie du wohl heißt." Luna sah sich um, aber Jackie war vom Hof verschwunden. War dieses Pferd ein neues Reitschulpony, oder hatte es jemand untergestellt? Sie gab ihm einen kleinen Klaps und machte sich auf den Weg zu Kestrel.

Er begrüßte sie mit einem Wiehern und kam

sofort angetrabt, als sie sich ihm auf der Weide näherte. „He!“, schimpfte sie grinsend, denn er rieb seinen Kopf so fest an ihr, dass er sie dabei beinahe umwarf. Sie sah, dass Keas Pferde bei ihm auf der Koppel standen.

Als Luna sich umdrehte, um mit Kestrel zum Gatter zu gehen, wäre sie beinahe gestolpert. Dort am Tor stand Kea und starrte sie an.

Lunas Herz klopfte laut beim Anblick der schwarz gekleideten Gestalt. Es gab nur ein Gatter zu dieser Weide, also würde sie an Kea vorbeigehen müssen. Kestrel warf nervös den Kopf hin und her. „Ganz ruhig, mein Junge.“ Doch Lunas Stimme zitterte. Kestrel wich zur Seite aus.

Kea betrat die Weide und kam auf Kestrel zu, während Luna damit beschäftigt war, Kestrel zu beruhigen.

Plötzlich hatte Kea Kestrels Halfter gepackt. Bevor Luna sie daran hindern konnte, legte sie dem Pony die Hand auf die Stirn und murmelte etwas.

Kestrel stand sofort stockstill. Die dunkle Elfe

flüsterte ihm etwas zu, und alle Spannung schien aus seinem Körper zu weichen. Sein Blick wirkte beinahe leer, so als sei er in einer anderen Welt.

„Was haben Sie mit ihm gemacht?“ Lunas Stimme klang schrill.

„Nichts.“ Kea lächelte finster. „Ich habe ihn nur beruhigt.“

Sie legte eine Hand auf Kestrels Hals. Er rührte sich nicht. „Jetzt benimmt er sich, nicht wahr?“, meinte sie nachdenklich. „Aber er taugt wirklich nicht zum Reitschulpony. Weißt du, vielleicht sollte ich Jackie vorschlagen, dass ich ihn ihr abkaufe.“

„Nein!“, rief Luna sofort.

Keas Augen funkelten. „Nun ja, ich könnte es mir immer noch anders überlegen, wenn ich in den Besitz eines gewissen Tagebuchs käme …“

Luna starrte sie an. Sie musste Kea also das Tagebuch geben, um zu verhindern, dass sie Kestrel verlor!

Kea musterte sie mit eisigem Blick. „Du hast die Wahl, Luna.“

8

„Luna!"

Luna hob den Kopf. Erin kletterte gerade übers Gatter. Sie musterte Kea misstrauisch. Weiter hinten bei den Stallungen standen Jackie und Erins Eltern.

„Gib mir das Tagebuch, Luna", zischte Kea. „Mach dir das Leben nicht unnötig schwer. Denn ich verspreche dir, ich *werde* dieses Tagebuch sowieso kriegen. Selbst wenn es dir mehr wert ist als Kestrel. Ich habe das Adressbuch in Jackies Büro gesehen. Ich weiß jetzt, wo du wohnst ..."

Ihre Worte schienen zwischen ihnen in der Luft zu hängen.

Erin rannte über die Wiese auf sie zu. „Lassen Sie Luna in Ruhe!", rief sie.

Kea drehte sich um. „Ach, hallo, Erin. Wie schön, dich zu sehen." Ihr Mund lächelte, aber ihre

Augen blieben eiskalt. „Ich habe nur gerade Luna dabei geholfen, Kestrel von der Koppel zu holen. Er war ein wenig widerspenstig, aber jetzt scheint er sich beruhigt zu haben. Zumindest fürs Erste." Sie machte kehrt und marschierte zurück zum Tor. Luna sah, wie sie hinter dem Rücken mit den Fingern schnippte. Sofort zuckte Kestrel zusammen, als wäre er gerade aus einem Schlummer erwacht. Er riss den Kopf hoch und schnaubte verängstigt.

„Ist alles in Ordnung?", wollte Erin wissen.

Luna nickte. Zuerst einmal widmete sie aber ihre ganze Aufmerksamkeit Kestrel. Mit vielen Streicheleinheiten und sanften Worten beruhigte sie ihn. „Alles klar", erwiderte Luna schließlich. „Aber Kea ..."

Erin unterbrach ihre Freundin. „Hör zu, wenn's dir gut geht, dann lass uns diese alte Hexe für ein paar Minuten vergessen. Ich will nicht, dass der Gedanke an sie meine Neuigkeiten verdirbt."

Luna runzelte die Stirn. „Was denn für Neuigkeiten?"

„Das errätst du nie!“ Erin strahlte übers ganze Gesicht. „Oh, Luna! Meine Eltern haben mir zum Geburtstag ein Pony gekauft!“

„Was?“, flüsterte Luna ungläubig.

„Ich weiß! Ich konnte es selbst nicht fassen! Sie haben mich hierhergefahren und gesagt, mein Geschenk würde auf dem Hof auf mich warten. Da hatte ich schon einen leisen Verdacht. Und dort stand Jackie und hat auf eine der Boxen gezeigt. Drin stand ein neues Pony, ein Fuchs ...“

„Ich habe ihn gesehen.“ Luna wurde auf einmal ganz neidisch.

„Er heißt Ziggy.“ Erin war so aufgeregt. „Er ist wunderschön, und er gehört mir! Oh, Luna, ich kann es gar nicht fassen. Ich habe ein eigenes Pony!“

So langsam schien Erin zu merken, dass Luna keinen Freudentanz mit ihr aufführte. „Das macht dir doch nichts aus, oder?“, fragte sie vorsichtig.

Kestrel drückte seinen Kopf gegen Lunas Arm. Ihr fiel wieder ein, was für eine tolle Freundin Erin gewesen war, als Jackie Luna gebeten hatte, sich um Kestrel zu kümmern. Sie zwang sich zu einem Lächeln. „Tut mir leid. Ja, ich freue mich wirklich für dich. Echt!"

Man konnte Erin ansehen, wie erleichtert sie war. „Puh! Du kannst mir helfen, Ziggy zu versorgen, und ihn reiten. Und wenn ich mal weg bin, kannst du dich um ihn kümmern. Dann wird er auch dein Pony sein. Wir können mit ihm und Kestrel gemeinsam ausreiten."

„Wenn Kestrel dann noch da ist", murmelte Luna.

„Was?"

Luna wollte Erin ihre Freude nicht verderben. „Ach, nichts. Nur etwas, das Kea gesagt hat. Aber davon erzähle ich dir später. Es ist nicht wichtig."

„Wirklich?", hakte Erin nach.

Luna nickte. „Wirklich. Nun komm schon. Ich will deinen Ziggy begrüßen."

Erin grinste. „Super!" Gemeinsam führten sie Kestrel von der Koppel.

Als Erin Luna ihr neues Pferd zeigte, strahlte sie über das ganze Gesicht. Sie legte einen Arm um

ihn und sagte: „Darf ich vorstellen? Das ist Ziggy."

Voller Stolz tätschelte sie ihm den Hals und fuhr ihm durch die zottelige Mähne. Luna sah sofort, dass Ziggy wirklich klasse war. Jackie hatte dabei geholfen, ihn auszusuchen. Und sobald Erin ihn gesattelt und aufgezäumt hatte, gab Jackie ihr eine Reitstunde. Luna sah vom Zaun aus zu. Zuerst schien Erin ein bisschen nervös, ihr eigenes Pony zu reiten, aber Ziggy benahm sich vorbildlich. Er war lebhaft und munter, aber nicht zu nervös oder wild. Erin ließ ihn im Schritt, Trab und Galopp gehen, und schließlich nahm sie noch ein paar Hindernisse mit ihm.

„Gut gemacht!", lobte Jackie. „Ich glaube, ihr zwei passt sehr gut zusammen."

Erin hielt Ziggy an und sah zu Luna hinüber. „Darf Luna auch mal?"

„Aber natürlich.“ Jackie lächelte „Du brauchst mich nicht zu fragen. Er ist dein Pony.“

„He, Luna!“, rief Erin und stieg ab. „Magst du ihn mal reiten?“

Als Luna aufstieg, war der Neid von vorhin fast verflogen. Es war klasse, dass Erin jetzt ein Pony hatte. Sie würden jede Menge tolle Dinge gemeinsam unternehmen.

Doch noch während sie das dachte, entdeckte sie Kea drüben bei den Ställen. Lunas Bauch schien auf einmal voller Eiswasser zu sein. Was, wenn Kea ihre Drohung wahr machte und Kestrel kaufte?

Ziggy warf den Kopf hoch. Vermutlich hatte er gemerkt, dass sie in Gedanken woanders war. Luna konzentrierte sich wieder auf ihn. Hoffentlich konnte sie nachher mit Erin reden.

Erins Eltern hatten jedoch einen Geburtstagskuchen mit in den Stall gebracht, und so waren die zwei Mädchen den Rest des Tages nie allein.

Aber heute Nacht, dachte Luna. Da können wir reden.

9

„*Ich glaube an Sternenstaub. Ich glaube an Sternenstaub. Ich glaube an Sternenstaub*“, flüsterte Luna später am Abend.

Beim letzten Wort schien ihr ganzes Gewicht von ihr abzufallen. Sie wirbelte herum, während sich der Schlafanzug in ihr Sternenstaub-Kleid verwandelte. Federleicht flog sie in die Luft. Ihr Blick fiel auf das Tagebuch neben ihrem Bett.

Keas Worte kamen ihr wieder in den Sinn: *Ich weiß, wo du wohnst.* Hieß das, sie würde das Tagebuch von Luna stehlen? Unsicher sah Luna hinaus in die dunkle Nacht. Vielleicht wartete Kea bereits dort draußen? Und sobald Luna weg war, würde sie dann in ihr Zimmer fliegen. Das Fenster konnte Luna aber nicht verriegeln, denn dann würde sie selber nicht mehr reinkommen. Sollte sie das Tagebuch hierlassen?

Nein. Schnell schob sie es in ihre Tasche, wo sich schon ein Seherstein und ein Schutzstein befanden. Sofort fühlte sie sich besser. Ich werde mich tarnen, beschloss sie. Dann kann Kea mich nicht sehen, selbst wenn sie mich heimlich beobachtet.

Sie flog los. Sie konnte es kaum erwarten, Erin von Keas Drohung zu erzählen. Vielleicht konnten sie dann gemeinsam überlegen, was zu tun sei. Ihr Vater hatte außerdem gesagt, dass nachts um halb zwölf Ebbe sein würde. Diese Gelegenheit mussten sie nutzen, um nach dem Portal zu suchen!

Zu Lunas großer Erleichterung erwartete Erin sie bereits am Strand. Das Wasser hatte sich weit zurückgezogen, und der Kieselstrand war breiter als sonst. Über ihnen hing der Mond voll und rund am Himmel.

„Was war denn nun heute mit Kea los?“, wollte Erin sofort wissen, als Luna landete und sich enttarnte. „Was hat sie gesagt?“

„Sie will das Tagebuch. Ach, Erin!“ Rasch erzählte sie ihrer Freundin von Keas Drohung, Kestrel zu kaufen. Und dass sie wusste, wo Luna wohnte. „Das mit Kestrel kann ich doch nicht zulassen!"

„Natürlich nicht." Erin klang entsetzt.

„Aber das Tagebuch kann ich ihr auch nicht geben. Was meint sie wohl, wenn sie sagt, sie weiß, wo ich wohne? Heißt das, sie würde das Tagebuch stehlen oder vielleicht sogar ... meiner Familie etwas antun?" Luna merkte, wie sich ihr Hals zuschnürte. „Ich weiß nicht, was ich machen soll."

Erin drückte ihren Arm. „Schon gut. Wir finden den Eingang zum Portal, befreien Thor und Mistral, versiegeln die Pforte, wie deine Mutter das schreibt, und dann kann Kea nichts mehr tun. Selbst wenn sie das Tagebuch hat!"

Als Luna sah, wie entschlossen Erin war, fühlte sie sich ein bisschen besser.

„Komm, wir machen uns am besten gleich auf die Suche!", drängte Erin.

Sie flogen den Strand entlang. Dabei suchten sie mit den Augen den Fuß der Klippen ab. „Lass

uns doch mal um die Landzunge herumfliegen“, schlug Erin vor. „Auf der anderen Seite haben wir noch gar nicht nachgesehen.“

„In Ordnung.“ Sie flogen an den drei Felsen vom „Ende der Welt“ vorbei. Es waren zwei Steinpfeiler, die wie Finger zum Himmel zeigten, sowie die zerbrochenen Reste des riesigen Zaubersteines, der einst so groß gewesen war, dass ein Erwachsener hindurchklettern konnte. Nun lagen die Steinbrocken auf der felsigen Landzunge verstreut. Luna hatte ihren Vater sagen hören, dass die Leute glaubten, es hätte der Blitz eingeschlagen. Sie und Erin kannten die Wahrheit. Schuld waren mächtige Zauberkräfte gewesen – die Magie von Kea und ihr selbst. Als Luna an den Augenblick dachte, wie die Magie in den Stein eingeschlagen hatte und er explodiert war, überlief sie ein Schauer.

Sie flogen jetzt auf der anderen Seite der Landzunge entlang. Normalerweise kamen sie hier nicht her, weil das Meer wilder und der Wind stürmischer war. Die Küste sah außerdem anders aus. Bei Flut reichte das Wasser direkt bis an die Klippen heran. Es gab also keinen Strand, nur Felsen. Die Klippen waren zudem steiler.

Erin kniff die Augen zusammen. „Die Espe könnte einer dieser Bäume sein."

„Mhm." Luna hatte ein komisches Gefühl. Ihre Haut kribbelte. Sie suchte in der Tasche nach dem Schutzstein. Er war eiskalt. Ihr Herz machte einen ängstlichen Satz. „Erin! Ich glaube, Kea beobachtet uns. Der Schutzstein ist ganz kalt. Wir tarnen uns besser ..."

Doch bevor sie noch etwas hinzufügen konnte, ertönte ein wilder, kreischender Schrei. Beide

Mädchen zuckten erschrocken zusammen, als ein riesiger schwarzer Habicht aus dem Nichts aufzutauchen schien. Mit geöffnetem Schnabel schoss er direkt auf Luna zu.

Luna wich gerade noch rechtzeitig aus. „*Camouflagus!*“, keuchte sie, als der Habicht mit seinem Schnabel an der Stelle durch die Luft hackte, wo sie eben noch geschwebt war.

Sie sah, wie Erin gleichzeitig unsichtbar wurde. Sie mussten weg von hier! Schnell flog sie nach oben, damit sie über den Habicht hinweg über die Klippen fliehen konnten. Hoffentlich würde Erin die gleiche Idee haben. Doch in der Zwischenzeit verwandelte sich der Habicht wieder in Kea.

Sie wusste, dass die Mädchen dort draußen in der Dunkelheit schwebten. Sie hob die Hände und zeigte in den Himmel. „*Regen, komm herbei!*“, zischte sie.

Sofort prasselte heftiger Regen herunter. Keine leichten Tropfen, wie Luna sie herbeizaubern konnte. Nein, eine richtige Regenflut. Mühsam versuchte Luna, ihre Tarnung zu bewahren, während sie durchnässt wurde. Sie sah, dass Kea eine magische Grenze um sich herum gezogen hatte: kein einziger Regentropfen erreichte sie. Luna hingegen wischte sich mühsam das Wasser aus den Augen. In diesem Moment hob Kea wieder die Hände.

„Hagel, komm herbei!“, hörte Luna sie rufen. Da verwandelte sich der Regen in Hagelkörner, so groß wie Murmeln.

Es fühlte sich an, als würde jemand sie mit Steinen bewerfen. Mit den Händen versuchte Luna, ihr Gesicht zu schützen und gleichzeitig weiter nach oben zu fliegen. Aber es war unmöglich. Der Hagel zwang sie hinunter in Richtung der spitzen Felsen. Sie konnte nichts sehen. Wo war Erin? Und wie weit war sie noch von den Felsen entfernt? Ihre Tarnung hatte sie längst verloren, aber das war ihre geringste Sorge. Die Hagelkörner trieben sie immer weiter nach unten.

Thor!, dachte sie verzweifelt, während ihre Hand nach dem Seherstein in ihrer Tasche tastete. *Thor, hilf uns!*

10

„Hagel, hinfort!“, zischte Kea.

Der Hagelschauer hörte auf. Keuchend sah Luna sich um. Der Himmel war nun wieder klar. Luna entdeckte Erin unter sich ganz nahe bei den gezackten Felsen. Kea streckte die Hand aus. „Ich will das Tagebuch, Luna. Ich weiß, du hast es dabei. Gib es mir.“

„Nein.“ Luna schüttelte den Kopf.

Kea zeigte wieder in den Himmel. *„Hagel, komm herbei!“*, befahl sie.

Der Hagel prasselte erneut herunter. Luna hörte Erin aufschreien.

„Aufhören!“, brüllte Luna, denn sie hatte auf einmal furchtbare Angst um Erin. „Hören Sie auf! Sie können das Tagebuch haben!“

Der Hagel ließ nach. Kea sah Luna triumphierend an. „Gut, dass du zur Vernunft kommst.“

Luna warf Erin einen verzweifelten Blick zu.

Erin sah zu den Klippen hinüber und keuchte dann: „Gib es ihr, Luna!“

Luna zögerte überrascht. Kea hob die Hände.

„Tu es!“, drängte Erin wieder.

Luna fasste ihren Entschluss: Sie griff nach dem Tagebuch und drückte es Kea in die Hand. Wenn Kea noch mehr Hagel herbeizauberte, würde Erin sich dort unten an den Felsen verletzen. Das konnte sie nicht zulassen.

Kea schoss hinauf in die Luft, während Erin gleichzeitig zu Luna hinaufflog. „Jetzt kann niemand mich mehr aufhalten!“, rief Kea. „Ich werde über den Himmel befehlen!“

„Wir werden Sie aufhalten!“, schrie Erin.

„Ach ja?“ Kea lachte. „*Hagel, komm herbei! Nebel, komm herbei!*“ Kaum hatte sie die Worte ausgesprochen, war der Hagel wieder da. Diesmal war es aber noch schlimmer, weil dicke Nebelschwaden die Mädchen umgaben.

Luna konnte nichts mehr sehen außer der weißen Watte um sie herum. Sie konnte nichts mehr spüren außer den Hagelkörnern, die auf sie e n-prasselten. Obwohl Luna und Erin zusammen versuchten, nach oben zu fliegen, kamen sie gegen die Eiskörner nicht an. Stattdessen wurden sie weiter nach unten gedrückt.

„Wir werden auf den Felsen aufschlagen!", rief Luna und klammerte sich fest an Erins Hände. Sie rechnete damit, jeden Augenblick gegen die Felsen gedrückt zu werden.

Doch plötzlich wurde sie von einem warmen Gefühl umfangen. Sie fühlte die Mähne eines Pferdes, Atem auf ihrem Haar.

„Thor?", stieß Luna keuchend hervor.

„Haltet euch an mir fest", erklang Thors tiefe Stimme. Luna tastete blind in der Luft herum. Ihre Finger fanden schließlich Thors Hals. Sein Körper war nicht fest wie der eines echten Pferdes. Er hatte seine Wolkenform angenommen. Sie konnte ihn zwar spüren, aber gleichzeitig schienen ihre Hände durch ihn hindurchzusinken – wie durch frisch gefallenen Schnee. „Erin, halt dich an Mistral fest. Er ist direkt neben dir. "

Thors Mähne wehte um Lunas Gesicht, und sie merkte nichts mehr vom Hagel. Die zwei Wolkenpferde trugen sie aus dem Nebel heraus und landeten schließlich oben auf den Klippen bei einer Baumgruppe. Hier fiel der Hagel nicht mehr ganz so stark, und der Nebel schien sich ein wenig zu lichten.

„Könntest du den Hagel und den Regen vertreiben, Luna? Jetzt, wo du in Sicherheit bist?", fragte Thor. „Ohne Kea wird der Zauber nachlassen."

Luna zeigte mit der Hand auf Nebelschwaden und Hagelkörner. Sie spürte das vertraute Kribbeln der Sternenstaubmagie. „*Hagel, hinfort! Nebel, hinfort!*"

Nach und nach lichtete sich der Nebel, und der Hagel hörte auf.

Erin seufzte erleichtert. „Wie gut, dass ihr gekommen seid. Das war schrecklich!"

„Zum Glück hat Luna nach mir gerufen. Mistral und ich haben es gerade noch rechtzeitig geschafft", sagte Thor.

Das Hengstfohlen schnaubte und rieb seinen Kopf an Erin. „Mir geht's gut", versicherte Erin ihm. „Vielen Dank, dass du mich gerettet hast." Sie umarmte ihn.

„Ja, vielen, vielen Dank!" Luna traute sich nicht, Thor zu umarmen, aber sie streichelte ihn. Bei der Landung hatten er und Mistral sich wieder in ihre echte Pferdeform verwandelt.

„Was ist denn passiert?", wollte Thor wissen.

Luna wurde ganz schlecht, als ihr die Ereignisse wieder bewusst wurden. „Etwas Furchtbares, Thor. Kea hat das Tagebuch!"

Thor schnaubte erschrocken. „Was?"

„Es tut mir wirklich leid. Ich musste es ihr geben." Luna blickte zu Erin hinüber. Aber Erin stand nicht mehr an Mistrals Seite. Stattdessen ging sie zwischen den Bäumen umher und sah sich neugierig um. „Ich dachte, Erin würde gleich durch den Hagel auf die Felsen gedrückt werden." Tränen stiegen Luna in die Augen, denn ihr wurde klar, dass sie Thor im Stich gelassen hatte. „Ich wollte es ihr nicht geben." Als treue Freundin erwähnte sie nicht, dass Erin sie dazu gedrängt hatte. „Jetzt wird sie die Hinweise lesen. Und wenn sie das Portal vor uns findet, wird sie es für ihre Zwecke missbrauchen. Dann könnt ihr nicht zurück in die Wolkenwelt, um sie aufzuhalten. Es wird Unwetter und Überschwemmungen geben. Ach, die Vorstellung ist schrecklich!“ Luna schlug die Hände vors Gesicht.

Thor fuhr ihr mit seinem weichen Maul über die Wange. „Luna, du hast getan, was du tun musstest.“

„Und es ist auch völlig egal!“ Erin war von ihrem kleinen Erkundungsgang zurück. „Sie wird das Portal nämlich nicht vor uns finden.“ Alle sahen sie fragend an. Erins Augen leuchteten. „Denn ich glaube, wir haben es bereits gefunden!“

11

Luna runzelte die Stirn. „Was meinst du damit?"

„Schau mal!" Erin machte mit dem Arm eine ausholende Bewegung. „Das da sind Stechpalmenbüsche! Und dort steht eine Espe!" Sie zeigte auf einen Baum nahe am Rand der Klippen. Er hatte einen dicken Stamm und Blätter, die im Wind raschelten. Luna war so mit Thor beschäftigt gewesen, dass sie die Umgebung gar nicht wahrgenommen hatte. Direkt davor wuchs ein dichter Dornenbusch, aber als Luna genauer hinsah, tauchte das Bild aus ihrer Vision in ihrem Kopf auf. Wenn man sich den Busch jedoch wegdachte, dann …

Ja! Das hier konnte durchaus der Ort sein, an dem sie ihre Mutter hatte sitzen sehen!

„Es sind nicht nur die Bäume, deretwegen ich glaube, dass wir die richtige Stelle gefunden haben“, fuhr Erin fort. „Als Kea mich fast bis zu den Felsen hinuntergezwungen hatte, habe ich dort unten eine Höhle gesehen. Von oben kann man sie nicht erkennen, weil ein Felsvorsprung darüberragt. Und bei Flut ist sie vom Wasser verborgen. Da habe ich mich gefragt, ob es sich wohl um die Pforte handelt. Deshalb habe ich zu dir gesagt, du sollst Kea das Tagebuch geben. Ich dachte, wenn sie es hat, lässt sie uns allein, und wir können uns umsehen. Hoffentlich ist sie zurück nach Hause geflogen, um es zu lesen. Dann bleibt uns ein bisschen Zeit.“

„Das war klug“, lobte Thor sie.

„Du bist echt Spitzenklasse, Erin! Unglaublich, dass du in diesem Moment noch die Höhle gesehen hast!“ Luna strahlte.

„Vielleicht ist die Pforte ganz in der Nähe!“ Mistral stampfte aufgeregt mit dem Huf auf.

„Wenn es hier ist, dann müssen wir uns vom Meer aus nähern“, sagte Luna. „So steht es im Tagebuch.“

Erin flog in die Luft. Luna folgte ihr. Die beiden

Pferde nahmen wieder ihre Nebelform an und galoppierten hinauf in den Himmel. Gemeinsam flogen sie über den Rand der Klippen. Es herrschte immer noch Ebbe.

„Seht her! Da ist es!" Erin landete vorsichtig auf den spitzen Steinen. Sie zeigte auf eine Felsnase, die etwa zwei Meter über dem Fuß der Klippen herausragte. Luna landete neben ihr. Unter dem Felsvorsprung war der Eingang zu einer Höhle zu sehen. Vorsichtig flog Luna darauf zu und spähte hinein. Es war stockduster, und auf dem Boden standen Pfützen.

Das ist es! Luna wusste selbst nicht genau, weshalb sie sich plötzlich so sicher war. Es war einfach so. „Wir müssen hinein", sagte sie. „Aber es ist richtig dunkel dadrin. Wir werden die Hand nicht vor Augen sehen. Ich wünschte, wir hätten eine Taschenlampe."

„Warte mal!" Erin flog schnell hinauf zur Baumgruppe und kehrte mit zwei heruntergefallenen Ästen zurück. *„Feuer, komm herbei!"* Dabei zeigte sie auf das Ende der Äste. Sie schlugen Flammen. Vorsichtig reichte Erin Luna eine der Fackeln. „Ich weiß nicht, wie lange sie halten, aber sie sollten uns wenigstens ein bisschen helfen."

Luna trat einen Schritt in die Höhle hinein. Im Licht der Flammen konnte sie weiter hinten einen Tunnel erkennen. Sie ging darauf zu. Das Wasser unter ihren Füßen war eiskalt, und sie bekam Gänsehaut. Als sie sich umdrehte, sah sie erleichtert, dass Thor ein wenig geschrumpft war und Erin folgte. Mistral blieb dicht an Thors Seite.

Der brennende Ast zischte. Als ein Funke ihre Hand traf, zuckte sie zusammen und ließ den Stock fast fallen. Als sie sich wieder aufrichtete, sah sie, dass sich hoch oben in der Wand eine dunkle Nische befand.

Darin lag etwas. Luna hielt den Ast noch höher und erkannte, dass es sich um eine Kerze handelte. Ein Stück weiter befand sich eine weitere Nische. Auch darin stand eine Kerze!

„Hier gibt es Kerzen!“, rief sie erleichtert. Sie nahm eine herunter. Der Docht schien trocken zu sein. So weit war das Wasser nicht gestiegen. „Erin! Kannst du sie anzünden?“

Erin brauchte nur einen Augenblick, um mit einem Fingerzeig die Kerzen zu entfachen und die Astfackeln zu löschen. Der Kerzenschein war zwar nicht sehr hell, aber doch besser als die qualmenden Fackeln. Irgendwie fühlte sich Luna vom flackernden Schein der Kerzen auch getröstet. Vielleicht hatte ihre Mutter oder ihre Großmutter sie hierhingestellt?

Das muss der Weg zum Portal sein, überlegte sie. Warum sonst sollten die Kerzen hier stehen?

Vorsichtig ging sie weiter hinein in den kalten dunklen Tunnel. Was würden sie am Ende finden? Wie sah das Portal wohl aus? Und wo genau war es?

Erin ging nun neben ihr her und zündete jede Kerze an, an der sie vorbeikamen. Nach kurzer

Zeit erreichten sie das Ende des Tunnels. Luna wurde ganz aufgeregt. Es sah wie ein Durchgang zu einer kleineren Höhle auf. Wartete dort das Portal auf sie?

Zusammen mit Erin betrat sie die Höhle. Thor und Mistral folgten ihnen. Der Raum war so hoch, dass die Decke nicht mehr zu sehen war. Erin hielt eine der Kerzen hoch, damit sie sich besser umschauen konnten. Es zweigten keine weiteren Gänge davon ab. Der Gang war eine Sackgasse. Eine kleine Höhle mit glatten Wänden, einer hohen Decke und nichts weiter.

Einen Moment lang sagte niemand etwas.

„Hier ist nichts“, seufzte Erin schließlich.

Luna wusste selbst nicht so genau, was sie eigentlich erwartet hatte. Irgendeine Steinformation. Vielleicht einen Stein mit einem Loch in der Mitte wie jener, der am „Ende der Welt“ gestanden hatte. Aber Erin hatte recht, hier war nichts.

„Vielleicht ist es doch nicht der richtige Ort?“, meinte Mistral.

„Aber das muss er sein“, wandte Luna ein. „Warum sollten die Kerzen sonst da sein und es …“ Sie suchte nach Worten. „Es fühlt sich einfach richtig an.“

Thor nickte. „Hier wurde gezaubert“, sagte er.

„Aber es gibt kein Portal“, erwiderte Mistral.

„He, seht mal! Was ist denn das da?“ Erin zeigte auf einen schwachen Lichtkreis auf dem Boden. „Das war vor einer Minute noch nicht da.“

Alle starrten den Kreis an. Er wurde heller und immer heller – eine perfekte runde Lichtscheibe auf dem Steinboden.

„Der Mond!“, flüsterte Luna und sah nach oben.

In der Decke, weit über ihnen, erkannten sie jetzt ein rundes Loch von etwa dreißig Zentimeter Durchmesser. Dort hindurch drang das Mondlicht und zeichnete den Lichtkreis auf den Boden.

„Das Loch muss oben auf den Klippen sein“, sagte Erin.

Thor wieherte aufgeregt. Das Geräusch hallte in der Höhle wider. „*Vom Mondlicht erhellt!*“ Er stampfte mit dem Huf auf. „Begreift ihr nicht? Das ist das Portal. Es ist ein Kreis aus Mondlicht!“

Luna riss die Augen auf. „*Tief unter Tage!* Genau wie die Prophezeiung sagt. Und bestimmt steht der flüsternde Baum direkt über uns!“

„Wir haben es gefunden!“ Erin und Luna fielen sich in die Arme. „Oh, Thor! Jetzt können wir dich und Mistral befreien!“

Doch als sie die Worte aussprach, schoben sich Wolken vor den Mond, und das Portal verschwand.

„Wir müssen die Wolken vertreiben, Luna, bevor wir das Portal benutzen können“, sagte Thor. „Wir müssen uns beeilen. Der Mond wandert über den Himmel. Jede Nacht scheint er nur kurz auf die richtige Stelle, um das Portal zu bilden.“

Als Luna nickte, ertönte ein unheimliches Donnergrollen. Dem folgte ein lautes Krachen aus Richtung des Meeres. Sie zuckten alle zusammen, denn die gesamte Höhle schien zu beben. „Was war das?“, fragte Luna mit zittriger Stimme.

Sie sahen sich an. Selbst Thor wirkte unsicher.

„Sehen wir am besten mal nach“, schlug er vor.

Sie gingen durch den Tunnel zurück. Einige der Kerzen hatte der Windstoß ausgeblasen. „Ich gehe voran.“ Thor trabte an Erin vorbei in die große vordere Höhle. Luna hörte ihn verärgert wiehern.

Als Luna und Erin ebenfalls die Höhle erreichten, blieben sie wie angewurzelt stehen. Ein riesiger Felsbrocken versperrte den Eingang. Am Rand gab es immer noch einen freien Spalt, aber er war nicht groß genug, als dass sich einer von ihnen hätte hindurchzwängen können.

„Wir sind gefangen!“, rief Erin.

Draußen vor der Höhle erklang ein vertrautes hämisches Lachen.

„Da sitzt ihr nun fest“, vernahmen sie Keas Stimme. „Ihr habt es mir ja sehr einfach gemacht. Es war kein großer Aufwand, den Felsvorsprung über dem Eingang abstürzen zu lassen. Jetzt werdet ihr dort drin warten, bis ich ein dunkles Portal geschaffen habe. Mit dem Tagebuch weiß ich endlich wie.“

Luna merkte, wie Panik in ihr aufstieg. „Sie können uns doch nicht einfach hierlassen!“

Keas Tonfall war zuckersüß: „Doch, das kann ich durchaus.“

„Lassen Sie uns hier raus!“ Erin rannte hinüber zum Felsbrocken.

Doch sie bekam keine Antwort. Kea war verschwunden. Sie saßen fest!

12

„Was machen wir denn jetzt?“ Luna starrte verzweifelt den dicken Steinbrocken an, der den Eingang versperrte. „Wenn die Flut kommt, steht die ganze Höhle unter Wasser!“

Erin sah sich um. „Was ist mit dem Loch hinten in der Decke? Kommen wir da irgendwie durch?“

„Es ist zu klein“, erwiderte Luna. Dann fiel ihr wieder ein, dass die Wolkenpferde sich ja zu Nebelschwaden auflösen konnten. „Du und Mistral, ihr könntet aber hindurchfliegen, Thor.“

„Aber dann müssten wir euch hier zurücklassen“, antwortete Thor, während Mistral den Felsen genauer untersuchte.

„Vater!“, rief Mistral aufgeregt. „Ich habe eine Idee! Vielleicht können wir diesen Stein ja wegschieben. Seht doch nur!“ Er drückte seinen Körper gegen den Felsbrocken. Der bewegte sich einige Zentimeter. „Vielleicht können wir uns so befreien."

Luna und Erin rannten zu ihm. Sie stemmten sich ebenfalls mit ihrem ganzen Gewicht gegen den Stein. Er bewegte sich noch einige Zentimeter und blieb dann stecken.

„Das hat keinen Sinn!" Erin klang frustriert. „Wenn du uns doch nur helfen könntest, Thor. Dann könnten wir ihn vielleicht wegschieben."

Doch die Höhle war zu klein und niedrig. Deshalb musste der Wolkenhengst seine Nebelform beibehalten.

„Was machen wir denn jetzt?", fragte Luna wieder.

Thor betrachtete den Spalt am Höhleneingang. „Vielleicht könnte ich ihn wirklich wegschieben. Mistral, komm mit!"

Thors Körper verlor nun vollkommen seine Pferdeform. Er löste sich in einen silbrigen Nebelstreif auf, der sich dann, gefolgt von Mistral, seitlich durch eine Ritze neben dem Steinbrocken schlängelte.

„Was haben die beiden denn vor?“, wollte Erin wissen.

Luna hatte keine Ahnung. Aber es war schrecklich hier drinnen ohne sie. „Thor!“, rief sie. „Wo seid ihr?“

Draußen ertönte Thors Wiehern. „Geht zurück! Mistral und ich werden versuchen, den Felsen nach innen zu rollen.“

„Aber er ist doch viel zu schwer“, wandte Luna ein.

„Wir werden es probieren.“

Die Mädchen kauerten sich ängstlich in eine Nische. Sie hörten, wie die beiden sich draußen ins Zeug legten. Und tatsächlich! Der Stein rollte langsam in die Höhle hinein. Als der Spalt zum Höhleneingang größer wurde, konnte Luna Thor sehen. Er hatte den Kopf gesenkt und stemmte sich mit der Schulter gegen den Felsbrocken. Schnaubend schoben er und Mistral den riesigen Stein Zentimeter für Zentimeter in die Höhle hinein.

„Seid vorsichtig!“, rief Luna ängstlich. Der Stein

war schwer, und sie wollte nicht, dass eines der Pferde sich verletzte.

„Weiter geht es nicht!“, schnaufte Mistral. Der Stein war an einer Felsnase an der Decke hängen geblieben.

„Aber wir kommen immer noch nicht raus“, jammerte Erin. Der Spalt war einfach zu schmal, als dass eine von ihnen hätte hindurchkriechen können.

„Wir schaffen es!“ Thor schob den Stein mit aller Macht weiter. Plötzlich ertönte ein lautes Krachen, als die Felsnase brach. Im selben Augenblick rollte der große Brocken in die Höhle, und der spitze Stein fiel von der Decke. Thor scheute zurück, aber es war zu spät. Die schwere Steinspitze traf mit voller Wucht sein rechtes Vorderbein.

„Thor!“, rief Luna erschrocken. „Ist alles in Ordnung?“

„Ja“, erwiderte der Hengst. Doch er hielt sein Bein in der Luft.

„Das stimmt nicht! Du bist verletzt!“ Sie rannte zum Eingang. Der Spalt war nun breit genug,

dass sie hindurchklettern konnte. Sie merkte nicht einmal, wie sie sich Arme und Beine aufschürfte. Sie fiel neben Thor auf die Knie. „Ach, Thor, dein Bein!“ Es blutete zwar nicht, aber Luna konnte sehen, dass er Schmerzen hatte.

„Keine Sorge“, erwiderte Thor. „Ich bin zwar verletzt, aber das heilt auch wieder. Wir müssen jetzt dringend Kea finden und sie aufhalten. Mir war nicht klar, dass sie eine dunkle Pforte bilden will. Damit wird sie Macht über das Wetter erlangen und Chaos über die Küste bringen.“

„Was ist eine dunkle Pforte?“, wollte Erin wissen.

„Es ist ein Portal, das aus der Magie einer anderen Wetterzauberin gemacht ist. Es kann nur von der Elfe benutzt werden, die es erschafft. Es gibt dieser Elfe Zugang zur Wolkenwelt, sodass sie kommen und gehen kann, wie sie will."

„Aber werden dann nicht die Wolkenpferde krank?" Luna fiel wieder ein, was sie im Tagebuch ihrer Mutter gelesen hatte.

Thor nickte. „Das wird Kea aber egal sein. Sie will nur die Macht. Im Gegenteil, wenn die Herde schwächer wird, hat sie es umso leichter, sie zu beherrschen." Er warf aufgewühlt den Kopf in die Luft. „Um eine dunkle Pforte zu schaffen, braucht sie die Zauberkraft einer anderen Wetterzauberin. Du bist die einzige andere Wetterzauberin, aber du bist jung, und deine Zauberkräfte sind noch nicht voll entwickelt. Aber natürlich! Das Tagebuch – beziehungsweise das, was sich darin befindet ..." Er hielt inne. „Hat deine Mutter eine Strähne ihres Haares aufgehoben?"

„Ja", antwortete Luna überrascht.

„Das tun die meisten Wetterzauberinnen. Ihre Haare besitzen Zauberkraft. Darauf war Kea also die ganze Zeit aus. Du weißt, dass die Magie von Wetterzauberinnen, die verwandt sind, zusammenhängt? Die Macht der einen verstärkt die Macht der anderen. Indem sie die Haarsträhne deiner Mutter zusammen mit einem deiner Haare verwendet, hat sie umso mehr Macht über dich."

„Aber sie besitzt kein Haar von mir", sagte Luna.

„Vielleicht doch!", rief Erin entsetzt. „Luna, erinnerst du dich noch an jene Nacht, als wir bei Kea im Haus den Fängerstein gesucht haben? Wir haben den Stein mit ihren Haaren mitgenommen. Aber wir haben einen anderen Stein mit drei Haaren von dir dagelassen, damit sie nicht merkt, dass ihrer fehlt. Als du dann den Fesselzauber gebrochen hast, muss sie das gemerkt haben. Ich wette, ihr wurde klar, dass die anderen Haare deine sind."

Luna sah ihre Freundin sprachlos an. Das hatte sie fast vergessen.

„Wir müssen sie aufhalten, bevor sie diese Pforte erschaffen kann!", rief Thor.

„Vater! Sieh nur!“, wieherte Mistral. Er hatte den Blick nach oben auf die Klippen gerichtet. Ein dunkler Nebel schien über der Baumgruppe dort zu schweben.

„Sie hat bereits mit dem Zauber begonnen“, sagte Thor. „Ich erkläre euch später alles. Jetzt müssen wir handeln!“

Er verwandelte sich in seine Wolkenform, hinkte ein paar Schritte und schwang sich dann hinauf in den Himmel. Sobald er sich in der Luft befand, bewegte er sich wieder freier. Mistral folgte ihm, und auch Luna und Erin flogen hinterher. Luna verdrängte all die wirren Gedanken aus ihrem Kopf. Sie mussten Kea aufhalten!

13

Zu viert flogen sie über den Rand der Klippen. Dort stand Kea zwischen den Bäumen. In der einen Hand hielt sie einen Zauberstein, mit der anderen fuhr sie darüber und murmelte Worte, die Luna nicht verstehen konnte. Dichter, dunkler Nebel waberte über den Baumkronen. Er schien alles Licht in sich aufzusaugen.

Thor wieherte. „Aufhören!“

„Ihr schon wieder!“ Kea fuhr herum und wirkte einen Moment lang geschockt. „Wie seid ihr bloß entkommen?“

„Das tut nichts zur Sache“, erwiderte er. „Wir sind hier und werden verhindern, dass du eine dunkle Pforte erschaffst.“

„Das könnt ihr nicht.“ Die dunkle Elfe zeigte hinauf in den Nebel. „Es ist zu spät. Der Zauber hat bereits begonnen.“ Sie griff in die Tasche und zog ein rotes Buch heraus. „Und das verdanke ich alles dem hier! Die Macht des Kindes war nicht genug, aber zusammen mit der Magie ihrer Mutter …"

„Wir dachten, Sie wollen das Tagebuch, um das verborgene Portal zu finden!", sagte Erin.

„Dieses kleine Loch hätte mir niemals den ständigen Zugang zu den Wolken verschafft, den ich brauche", erklärte Kea. „Ihr wisst doch selbst, dass es nur funktioniert, wenn Ebbe ist und der Mond an der richtigen Stelle steht. Das ist viel zu kompliziert und daher so gut wie nutzlos."

Luna richtete sich zu ihrer vollen Größe auf. „Ich will das Tagebuch. Es gehört meiner Mutter. Geben Sie es mir zurück!"

Kea lächelte. „Nein."

Luna spürte einen Luftzug neben sich. Im nächsten Augenblick taumelte Kea einige Schritte zurück. Das Buch war aus ihrer Hand verschwunden. „Was …"

Erin tauchte in der Luft auf und flog auf Luna zu. Sie hatte sich getarnt von hinten an Kea an-

geschlichen, als die dunkle Elfe durch das Gespräch mit Luna abgelenkt war. Nun drückte sie Luna das Buch in die Hand. „Da!"

Luna zuckte zusammen. Erin war blitzschnell gewesen! Sie hatte nicht mal gemerkt, dass ihre Freundin sich getarnt hatte.

Einen Augenblick lang wirkte Kea wütend, doch dann zuckte sie gleichgültig mit den Schultern. „Von mir aus kannst du es haben. Jetzt brauche ich es sowieso nicht mehr. Endlich werde ich Macht über das Wetter haben."

Luna drückte das Tagebuch an die Brust. „Nein, das werden Sie nicht. Ich werde Sie daran hindern!"

„Du?" Kea lachte. „Du bist doch bloß ein Kind. Selbst deine Urgroßmutter im Vollbesitz ihrer Zauberkräfte hat es nur mit äußerster Mühe geschafft, mich beim letzten Mal aufzuhalten."

Luna sah sie aus großen Augen an. „Was meinen Sie damit?“

Kea lächelte wieder. „Ach, Luna. Ich weiß, dass du versucht hast, das Rätsel zu lösen. Schließlich habe ich dich die letzten Wochen beobachtet und deinen Unterhaltungen gelauscht. Du willst wissen, wie wir verwandt sind?“

„Ja“, sagte Luna, bevor sie sich bremsen konnte.

Kea begegnete ihrem Blick. „Du glaubst, ich heiße Kea. Aber mein richtiger Name ist May. Kommt er dir bekannt vor? Ja, ich bin die Schwester deiner Urgroßmutter.“

Wie aus der Ferne hörte Luna Erins ungläubiges Stöhnen und Thors Schnauben, doch ihre ganze Aufmerksamkeit war auf die dunkle Elfe gerichtet.

„May?“, wiederholte sie erstaunt. „Aber … aber das kann nicht sein. Sie sind nicht alt genug.“

Kea stieß ein leises Lachen aus. „Die Macht der dunklen Magie, Luna. Du kennst dieses Gesicht“, sie zeigte auf sich selbst, „aber das hier ist mein wahres Gesicht.“ Sie machte eine schnelle Handbewegung und ihre Züge fingen an, sich zu verändern. Ihre glatte, faltenlose Haut bildete tiefe Furchen, ihre Augen sanken in den Kopf, ihr Körper schrumpfte, ihre Haare wurden grau und dünn, ihre Finger krümmten sich zusammen. Sie wirkte mit einem Schlag uralt. Ihre Augen funkelten, und sie lachte über Luna, die sich ängstlich an Thor drängte.

Giftige Worte schossen aus Keas Mund: „Deine Urgroßmutter war meine oh so wunderbare Schwester, die von allen verehrt wurde. Dauernd hat sie mir gesagt, was ich tun soll, dauernd hat sie mich belehrt, wenn ich mehr Macht wollte. Ich hätte die vollkommene Kontrolle über das Wetter haben können, aber nein, sie wollte es nicht zulassen. Sie hat mich gezwungen, den Wolkenhengst freizulassen, den ich gefangen hatte. Aber ich habe gewartet. Während sie immer älter wurde, habe ich meine Zauberkräfte dazu benutzt, jung zu bleiben. Irgendwann würde der Moment kommen, wo ich es wieder versuchen konnte. Dieser Zeitpunkt ist jetzt da, und du, meine Urgroßnichte, wirst mich nicht aufhalten. Niemand wird das. Ich werde bekommen, worauf ich schon so lange gewartet habe. Der Himmel wird endlich in meiner Macht stehen."

Sie drehte sich um, hob die Hand mit dem Zauberstein und rief: „Es beginne!"

Der Nebel wirbelte nach unten auf den Stein zu.

Thor und Mistral machten einen Satz nach vorn auf Kea zu. Doch sie kamen zu spät. Der Nebel floss bereits durch das Loch im Stein. Er bildete einen perfekten großen Kreis, der in der Luft schwebte.

„Das dunkle Portal!", zischte Kea triumphierend. Als die Wolkenpferde neben ihr landeten, veränderten sich plötzlich Keas Umrisse. Ihr Hals wurde länger, ihre Arme wurden zu Beinen ...

„Luna! Sie verwandelt sich in ein Pferd!", rief Erin.

Doch noch bevor sie den Satz beenden konnte, hatte sich Kea in einen kohlschwarzen Rappen mit feurigen Augen verwandelt. Luna sah, wie sich seine Muskeln anspannten, und dann sprang Kea hinauf durch das dunkle Portal.

Das Portal und das Pferd verschwanden sofort. Übrig blieb nur Luft und Stille.

Erin schluckte. „Sie ist weg."

„Ja, und zwar in die Wolkenwelt", erwiderte Thor grimmig. „Dort wird sie versuchen, die Leitung der Herde zu übernehmen."

„Aber wenn sie das tut, dann kann sie mit dem Wetter anstellen, was sie will!", sagte Luna.

Luna dachte an all die Unwetter, die ihnen bevorstanden, an die Überschwemmungen, die Gewitter – die Gefahr! „Sie hat gewonnen", rief sie verzweifelt.

„Nein, das hat sie nicht", erwiderte Thor.

Luna runzelte die Stirn, doch bevor sie fragen konnte, was er damit meinte, stampfte Mistral mit dem Vorderhuf auf. „Aber was kannst du noch tun, Vater? Du kannst sie von hier unten nicht bekämpfen. Selbst wenn Luna dir die ganze Nacht hindurch hilft, gegen Kea anzutreten und die Herde zu beruhigen, kann Kea tagsüber tun, was sie will. Mithilfe ihrer dunklen Pforte wird sie kommen und gehen, wie es ihr gerade passt. Dadurch wird die Herde krank. Luna hat recht. Sie hat gewonnen."

„Nein." Thor hob den Kopf und sah hinauf in den Himmel. „Noch ist nicht alles verloren. Wir können sie immer noch aufhalten."

„Aber wie denn?", wollte Erin wissen.

„Indem wir durch das Portal des Lichts gehen und sie zurückholen", antwortete Thor. „Wir müssen ihre dunkle Pforte zerstören und anschließend das verborgene Portal versiegeln, sodass niemand je wieder zwischen den Welten hin und her gehen kann. Wir schaffen das." Seine dunklen Augen funkelten stolz. „Kea mag dieses eine Mal gewonnen haben, aber wir sind immer noch stark und können kämpfen. Sie hat noch nicht gesiegt."

Luna schöpfte neue Hoffnung. „Thor hat recht!" Sie sah in die Runde. „Wir werden nicht aufgeben."

„Natürlich nicht", pflichtete Erin ihr bei, und auch Mistral wieherte zustimmend.

„Wir holen sie zurück und versiegeln die Portale." Luna legte eine Hand auf Thors Hals. Sie sah zu den Sternen, die am samtschwarzen Himmel funkelten. Die Nacht wirkte so friedlich, aber sie wusste, dass Kea dort draußen wartete …

Stardust
Wolkenpferde

Luna, die Sternenstaub-Elfe, taucht ein in die geheimnisvolle Welt der Wolkenpferde. Doch deren Anführer Thor wird von der dunklen Elfe Kea bedroht. Ob Luna ihm helfen kann?

Linda Chapman
Himmelszauber
ISBN 978-3-440-11268-7

Die dunkle Elfe Kea hat das Wolkenfohlen in ihren Bann gebracht. Kann Luna das Fohlen retten?

Linda Chapman
Magischer Bann
ISBN 978-3-440-11269-4

Weiterer Lesespaß mit Stardust:

1. **Geheimnis im Mondschein**
   978-3-440-10573-3
2. **Elfenzauber**
   978-3-440-10574-0
3. **Der Zauberschwur**
   978-3-440-10654-9
4. **Die magische Katze**
   978-3-440-10729-4
5. **Magische Ferien**
   978-3-440-10730-0
6. **Geheime Zaubermacht**
   978-3-440-11090-4
7. **Nacht der Sommerelfe**
   978-3-440-10731-7
8. **Lucys geheimes Elfenbuch**
   978-3-440-11137-6

www.kosmos.de

Ab 8 Jahren
Je € 7,95; €/A 8,20; sFr 15,30

KOSMOS